Walter Burandt

DIE ALTE HOFHALTUNG IN BAMBERG

Kaiser- und Bischofspfalz

Bayerische Verlagsanstalt Bamberg

Das Titelbild auf der Umschlagvorderseite zeigt einen Winkel in der Alten Hofhaltung. Auf der Umschlagrückseite ist auf dem großen Foto der Wirtschaftshof aus dem 15. Jahrhundert zu sehen.
(Fotos: Peter Eberts)

Bildnachweis:
Staatsbibliothek Bamberg: Ausschnitt aus dem Stadtplan von Petrus Zweidler (V B 22), Ratsstube mit Wache, Lithographie von S. Prout (V B 1976), Hofschmiede V Bg. 448). Historisches Museum Bamberg: Ansicht Bambergs aus der SchedelschenWeltchronik von 1493, Alte Hofhaltung vor dem Teilabbruch, Gemälde von J. G Kauffmann, 1778. Kupferstichkabinett Berlin: Alte Hofhaltung, kolorierte Federzeichnung, um 1478. British Museum, London: Heiltumsprozession, kolorierte Federzeichnung, 1508. Staatsgalerie Bamberg: Feuerprobe, Tafelbild, um 1490. Bayer. Verwaltung der staatl. Schlösser, Gärten und Seen: Portal an der Südseite der Thomaskapelle, Apsis der Thomaskapelle, Weiheinschrift um 1020 (Kopie), Chorraum der Katharinenkapelle, eingeritzte Namen in der Thomaskapelle (Fotos: Uwe Gaasch). Emil Bauer: Schöne Pforte, Ratsstubenbau und Schöne Pforte, Himmelsglobus im Erker des Ratsstubenbaus. Bayer. Landesamt für Denkmalpflege: Freigelegte nördliche Wehrmauer (Foto: Heinrich Mayer). Walter Burandt: Alle weiteren Fotos.

Die Deutsche Bibliothek – CIP Einheitsaufnahme
Burandt, Walter:
Die Alte Hofhaltung in Bamberg : Kaiser- und Bischofspfalz / Walter
Burandt. - Bamberg : Bayerische Verl.-Anst., 1999
(Wegweiser)
ISBN 3-87052-297-6

1. Auflage 1999

Satz und Gestaltung: TypoDesign, Radebeul bei Dresden
Druck und Bindung: Tagblatt-Druckerei KG, Haßfurt
Umschlaggestaltung: Richard Alt
Lithographie: Lithoanstalt Pisinger + Schwarzmeier, Bamberg
Lektorat: Heike Zschau, München
Printed in Germany
ISBN 3-87052-297-6

Inhalt

Einführung 4

Baugeschichtlicher Streifzug durch die Jahrhunderte . . 6

7. bis Ende 11. Jahrhundert 6
12. und 13. Jahrhundert 11
14. bis Mitte 15. Jahrhundert 18
Ende 15. Jahrhundert 20
16. Jahrhundert 23
Ende 16. und 17. Jahrhundert 31
18. Jahrhundert 31
19. und 20. Jahrhundert 35

Rundgang durch die Alte Hofhaltung 36

Lage und Gesamtbeschreibung 36
Schöne Pforte 39
Ratsstube mit Treppenturm und Gangbau 41
Palas, Kanzlei und westlicher Palasanbau 46
Andreaskapelle 49
Thomas- und Katharinenkapelle 50
Wehranlagen 56
Hof und Fachwerkgebäude 56
Nördliche Tormauer 71

Träume aus Vergangenheit und Gegenwart 72

Gebäudeverzeichnis der Alten Hofhaltung 72

Einführung

Die Alte Hofhaltung in Bamberg war seit Gründung des Bistums im Jahre 1007 einer der bedeutendsten Bischofssitze im östlichen Reich. Häufig weilten hier Könige und Kaiser bei ihren Zügen von einer Pfalz zur anderen, um Hof zu halten und die Regierungsgeschäfte zu vollziehen. Die Ausstattung des Palas mit seinem Festsaal und der angrenzende Dom

Ostansicht der Alten Hofhaltung

boten reichlich Schauplatz für Versammlungen, Hoftage und kirchliche Feste. In der tausend Jahre umfassenden Geschichte der Alten Hofhaltung wurde regiert, repräsentiert, gefeiert und gebaut. Jede Epoche hinterließ Spuren an den Gebäuden – von der Romanik, Gotik und Renaissance bis in die jüngere Zeit.

Erbaut wurde die Alte Hofhaltung

innerhalb einer einst wehrhaften Burg auf dem Domberg. Heute noch überragen die Gebäude dieser Domburg mit dem gewaltigen Kirchenbau, der Alten Hofhaltung, der Neuen Residenz und den Domkurien die Stadt. Die starke Burgmauer mit ihren Türmen ist allerdings verschwunden. Die Lage der Domburg wurde strategisch günstig auf einem Ausläufer des Steigerwaldes gewählt, der hoch über der Regnitz steil nach drei Seiten abfällt. Zur Bergseite bot ein Halsgraben mit einem entsprechenden Tor dahinter Schutz vor überraschenden Angriffen. Bei einem Gang um die Domburg ahnt man, auch wenn die Auffahrtsstraße im Osten durch Aufschüttung verändert wurde, daß die Anlage im Mittelalter uneinnehmbar war. Die ursprüngliche Steilheit ist heute noch an den Abhängen des Stephans- und Michelsberges und am steilen Weg zu der auf einem Bergkegel liegenden Altenburg erkennbar. Zur Entstehung der Burganlage und der zu ihren Füßen liegenden Kaiser- und Bischofsstadt Bamberg trugen die verkehrsgeographischen Vorzüge des Ortes am Schnittpunkt zweier Fernstraßen bei, über die zahlreiche Händler und so manche Heereszüge von Würzburg her über den Steigerwald und östlich der Regnitz von Nürnberg nach Thüringen zogen. Die Lage der Burg bot einen weiten Blick über das ausgedehnte Tal mit kleinen Siedlungen, Auenwäldern und sumpfigen Gebieten. Sie ermöglichte damit nicht nur einen guten Schutz des Flußüberganges, sondern vor allem auch eine ideale Kontrolle der Handelswege.

Baugeschichtlicher Streifzug durch die Jahrhunderte

7. bis Ende 11. Jahrhundert

Für das 7. und 8. Jahrhundert kann auf dem Domberg anhand von archäologischen Grabungen unter dem Dom und in der Alten Hofhaltung eine Siedlung nachgewiesen werden. Das Nebeneinander von slawischen und germanischen Keramikfunden in den gleichen Kulturschichten läßt ein friedliches Zusammenleben beider Bevölkerungsgruppen vermuten. Die Siedlung bestand wohl weitgehend aus ebenerdigen Pfostenbauten mit Wänden aus Flechtwerk.

Der Name Babenberg für die Bamberger Burg wird erstmals im Jahre 902 genannt. Anlaß war eine Fehde

Ansicht Bambergs aus der Schedelschen Weltchronik von 1493.

zwischen den Babenbergern und dem mächtigen rhein-mainischen Geschlecht der Konradiner. Der Chronist Regino von Prünn berichtet, daß Adalbert mit seinen Brüdern Adalhard und Heinrich aus dem Castrum Babenberg aufbrach und sich zur Schlacht stellte. Heinrich fiel im Kampf und der gefangengenommene Adalhard wurde entgegen der damaligen Rechtsprechung enthauptet. 906 kam es erneut zu einer furchtbaren Schlacht, bei der Adalbert die Konradiner besiegte und in die Flucht schlug. Wie Regino weiter berichtet, holte jedoch das königliche Heer zum Gegenschlag aus. Adalbert sah sich in seiner Burg Terassa, dem heutigen Theres bei Haßfurt, einer längeren Belagerung ausgesetzt, der er letztendlich nicht standhalten konnte. Er mußte sich ergeben und wurde am 9. September 906 ebenfalls enthauptet. Soviel zum blutigen Ereignis, mit dem der Name Babenberg in die geschichtliche Überlieferung eingetreten ist.

Die babenbergische Burg ging in diesem ereignisreichen Jahr 906 als wichtiger militärischer Stützpunkt in königlichen Besitz über. Zeitweilig diente sie unter Kaiser Otto I. als

Staatsgefängnis für den von ihm 964 besiegten italienischen König Berengar von Ivrea und seiner Gemahlin Willa. Bereits zwei Jahre nach der Inhaftierung starb Berengar 966 und erhielt, wie der Chronist berichtet, ein königliches Begräbnis. Seiner Witwe Willa blieb nur noch der Klosterschleier.

Kaiser Otto I. wählte das Castrum Babenberg sicherlich nicht nur wegen seiner strategischen Bedeutung für den Gewahrsam seiner hohen Gefangenen, sondern vor allem auch, weil es als Wohnstätte den Ansprüchen dieses entthronten Königspaares entsprach. Zu dieser Burganlage gehörte wahrscheinlich eine zwar einschiffige, aber geräumige und gut ausgestattete Kirche, die unter dem Dom ergraben wurde. Diese Burgkirche war von einem Friedhof umgeben, der sich bis in den Südteil der Alten Hofhaltung hinein fortsetzte. Repräsentative Bauten der Burg befanden sich vermutlich unter den östlichen Gebäuden des heutigen Bischofssitzes, worauf Fundamentreste eines Steingebäudes in der Domgasse deuten.

973 schenkte Kaiser Otto II. das Castrum Babenberg samt den zugehörigen Besitzungen seinem Vetter Herzog Heinrich von Bayern, dem „Zänker", um ihn für sich zu gewinnen. Heinrich machte jedoch seinem Beinamen alle Ehre und lehnte sich gegen Kaiser und Reich auf. Er wurde geächtet und mußte aus seiner Residenz in Regensburg flüchten. In Passau ergriff man ihn und brachte ihn als Staatsgefangenen nach Utrecht. Sein ältester Sohn, der spätere König und Kaiser Heinrich II., mußte nach Hildesheim und erhielt dort vom 5. bis 12. Lebensjahr in der Domschule seine erste Erziehung und Bildung. Auf seiner Reise in das damals sächsische Hildesheim lernte der junge Heinrich sicherlich das Castrum Babenberg, den Besitz seines Vaters kennen. Berichtet doch der Chronist, daß König Heinrich seit seiner frühen Jugend den Bamberger Besitz liebte und ihm sein Interesse schenkte.

Der „Zänker" Herzog Heinrich erhielt nach neuen Kämpfen, bei denen er sogar den jungen Kaiser Otto III. in seine Gewalt gebracht, aber rasch wieder freigegeben hatte, das Herzogtum Bayern im Jahre 985 zurück. In den letzten Jahren seines Lebens, er starb 995, entwickelte sich der streitsüchtige Herzog noch zu einem treuen Anhänger des Kaisers. Sein Sohn wurde als Herzog Heinrich IV. Nachfolger in Bayern. Zwischen 998 und 1000 heiratete er Kunigunde von Luxemburg und vermachte ihr anläßlich der Hochzeit den gesamten Bamberger Besitz als „Morgengabe", wohl gedacht als spätere Witwenversorgung. Kunigunde gehörte einem unbedeutenden Geschlecht an, woraus hervorgehen dürfte, daß die Ehe nicht aus berechnender Politik, sondern aus Zuneigung geschlossen wurde.

Das herzogliche Castrum Babenberg genügte Heinrich und seiner Gemahlin zunächst sicherlich als Wohnstätte. Die Wahl zum deutschen König im Jahre 1002 veränderte jedoch die Pläne Heinrichs. Es scheint sicher zu sein, daß er bereits um 1003/04 mit dem Bau des zweichörigen Domes begann, dessen Abmessungen darauf deuten, daß er als Bischofskirche dienen sollte. Gleichzeitig entstand aber auch schon die nördlich anschließende Pfalz, wie an dem rechtwinkligen Anschluß des Palas an das Domquerschiff zu erkennen ist. Aus der großzügigen Anlage beider Baukomplexe, die so eng miteinander verknüpft sind, daß eine einheitliche Planung angenommen werden kann, darf geschlossen werden, daß Hein-

Kaiser Heinrich II. und seine Gemahlin Kunigunde, Holzschnitt, 15. Jahrhundert.

rich in ihr erst den Anfang eines größeren Vorhabens sah. Nach langen und schwierigen Verhandlungen hatte er 1007 endlich sein Ziel erreicht: die Gründung des Bistums Bamberg, die mit der Weihe des Domes im Jahre 1012 ihren krönenden Abschluß fand. Die Königspfalz wandelte sich damit zum Bischofssitz und das Castrum zu einer Domburg.

Heinrich II. stattete das neue Bistum geradezu verschwenderisch mit Abteien in Bayern, Franken und Schwaben aus. Er errichtete in Bamberg das Kollegialstift St. Stephan (1009) und das Benediktinerkloster St. Michael (1015). Die städtebaulichen Überlegungen wurden wenig später fortgesetzt: 1059 kam St. Gangolf und 1079 St. Jakob hinzu. Bamberg war auf sieben Hügeln errichtet worden, eine deutliche Anspielung darauf, daß die Stadt als Abbild Roms erbaut wurde. Diese Symbolik ist auch in der Lage der Kirchen zueinander enthalten. Verbindet man die Standorte untereinander, so erkennt man die Form eines Kreuzes im Stadtplan. Im Schnittpunkt des Kreuzes befand sich vor der Alten Hofhaltung die sogenannte Tattermannsäule, die 1779 abgebrochen wurde. Nach älteren Überlieferungen wird sie als „die Mitte der Welt, als ihr Nabel" bezeichnet. Sie trug, wie aus Abbildungen des 15. bis 18. Jahrhunderts hervorgeht, eine Christusfigur und stand auf einem Sockel mit vier sitzenden Löwenfiguren. Die Säule entstand im frühen 13. Jahrhundert, ging aber vermutlich auf einen Vorläufer aus der Zeit Kaiser Heinrichs II. zurück.

Ein glanzvolles Osterfest erlebte Bamberg im Jahre 1020, als Papst Benedikt VIII. in der Stadt weilte. Mit großem Gefolge trat er die mühevolle Reise über die Alpen bis in das ferne fränkische Bistum an, um den Beistand Heinrichs II., seit 1014 Kaiser, gegen das durch Byzanz gefährdete Unteritalien zu erbitten. Höhepunkt der Festlichkeit war am 24. April die Weihe der Kirche St. Stephan in Anwesenheit von 72 Bischöfen und zahlreichen Fürsten. In diesen Tagen wird er auch die Weihe der am nördlichen Ende des Palas angehängten Thomaskapelle vollzogen haben. Eine zum Teil erhaltene Inschrift, die anläßlich dieses Ereignisses in der halbrunden Apsis an die Wand gemalt wurde, läßt trotz mancher Ungewißheiten diese Deutung zu.

Das Herrscherpaar Heinrich und Kunigunde wird seit dem 12. Jahrhundert wegen seiner einfachen Lebensführung und seines Wirkens für Kirche und Untertanen als Heilige verehrt. Die kaiserliche Ehe blieb stets vorbildlich, auch wenn sie des öfteren durch Spannungen und Verleumdungen gefährdet schien. So mußte nach der Legende des „Pflugscharwunders" die Kaiserin barfüßig über glühende Pflugscharen schreiten, um dadurch ein Gottesurteil herbeizuführen: erleidet sie Verbrennungen, ist sie der ehelichen Untreue überführt, wenn nicht, ist sie vor Gott und aller Welt jeglicher Schuld freigesprochen. Kunigunde bestand die Probe. Als Ort der Handlung wird der Bereich der achteckigen Andreaskapelle genannt, die am südlichen Ende des Palas lag. Einen Hinweis auf die Erbauung dieser zweigeschossigen Kapelle um das Jahr 1050 lieferte eine beim Abbruch 1777 im oberen Altar gefundene Reliquienkapsel mit dem Siegel des Bischofs Hartwig von Bogen.

Kaiser Heinrich II. schloß die Königs- und Bischofspfalz gleichsam wie einen verlängerten Arm an das Domquerschiff an (S. 12). Den Palas errichtete er als ein langgestrecktes, rechteckiges Gebäude, das über einen niedrigeren Zwischenbau mit dem nördlichen Querhaus des Domes verbunden war. Im Obergeschoß hatte der Palas wahrscheinlich einen Festsaal mit gekuppelten Arkadenreihen zum Domplatz. Die äußere Erscheinung muß man sich in etwa so vorstellen, wie eine Federzeichnung um 1476 den erneuerten Palas des frühen 13. Jahrhunderts wiedergibt (S. 14). Den nördlichen Abschluß der Pfalz bildete die vorspringende Thomaskapelle mit einer halbrunden Apsis. Ihre Lage bei den Wohngemächern läßt darauf schließen, daß sie als bischöfliche Hauskapelle diente, zumal auch in Quellen von 1251 der Begriff „capella s. Thomae episcopali" erscheint.

Die Verbindung des doppelchörigen, viertürmigen Domes mit der Alten Hofhaltung läßt erkennen, daß Kaiser Heinrich bewußt eine raumbildende Anordnung plante, die den Domplatz nach Süden, Westen und

Norden abschloß. Eine ähnliche Platzsituation wurde in Konstanz, Magdeburg, Mainz, Worms und Speyer erreicht, wenngleich nicht durch ein so konsequentes Herauswachsen der Pfalzanlage aus dem Domquerschiff wie in Bamberg.

Die um 1050 an den Palas angefügte Andreaskapelle wird 1130 in einem Schriftstück erwähnt, welches besagt, daß Kaiser Lothar in der Kapelle für das Domkapitel urkundete: „... Babenberg ad sanctum Andream in rotunda capella ..." Aus dieser Nachricht kann auf eine zumindest zeitweise Funktion als kaiserliche Kapelle geschlossen werden. Darauf deutet auch die achteckige, zweigeschossige Form mit einer Apsis nach Osten, die in Anlehnung an die Aachener Pfalzkapelle erbaut wurde, wenn auch als stark reduzierte Kopie des 11. Jahrhunderts. Die Andreaskapelle reihte sich somit in eine Reihe von Zentralbauten ein, die zwischen 1010 und 1050 entstanden sind – die Pfalzkapelle in Nymwegen, St. Georg in Goslar, St. Marien in Ottmarsheim und St. Peter in Wimpfen.

Am Karsamstag, den 3. April 1081, vernichtete ein Brand im Dom Dächer, Turmhelme und Holzdecke. Ein Übergreifen des Brandes auf die Alte Hofhaltung ist jedoch unwahrscheinlich, da die schriftlichen Quellen nur von Schäden im Dom berichten. Unter Bischof Otto dem Heiligen erhielt der Dom seinen alten Glanz zurück.

12. und 13. Jahrhundert

Die Kaiser und Könige des Mittelalters hatten keine feste Hauptstadt. Die im ganzen Reich verstreuten Pfalzen dienten ihnen als Ort ihrer Regierungsgeschäfte. Es gehörte zu ihren Aufgaben, an verschiedenen Orten zu richten, Urkunden zu unterzeichnen und die Einhaltung des Rechts zu überwachen oder dieses auch zu erneuern. Hauptstützpunkt war hierbei für den umherziehenden Herrscher zum einen die königliche Pfalz, aber vor allem auch die Bischofssitze, waren doch die Bischöfe die zuverlässigsten Stützen des Königtums.

Daß so ein Hoftag auch einmal tragisch enden kann, zeigte sich am 2. Februar 1132, als König Lothar in Bamberg weilte. Als die Fürsten mit ihrem gesamten Gefolge versammelt waren, ereignete sich ein furchtbares Unglück: Die Deckenbalken des Festsaales im Palas brachen unter der großen Last des Hofstaates zusammen, wobei viele der Anwesenden schwer verwundet wurden. Der König blieb wie durch ein Wunder unverletzt, weil er sich zu diesem Zeitpunkt in einer kleinen Kammer neben dem Saal aufgehalten hatte.

Viel verheerender war jedoch das schwere Brandunglück Ende Juli 1185, das den Dom zum zweiten Male einäscherte und diesmal auch weite Teile der Alten Hofhaltung traf. Spuren dieser Brandschädigung können an der Westwand des unteren Palassaales, heute Eingangshalle des Historischen Museums, festgestellt werden. Dafür spricht eine Rotfärbung der sonst gelbgrauen Sandsteine, die nur durch einen Brand diese Farbe erhalten haben können, sowie ein Abschalen einiger Steine durch Hitzeeinwirkung. Der Brand setzte sich bis zur Thomaskapelle fort, deren Erneuerung sicherlich auf die vorangegangene Zerstörung zurückging.

Bischof Otto II. und Bischof Thiemo führten am Dom und an der Alten Hofhaltung Wiederherstellungsarbeiten durch. Es ist anzunehmen, daß beim Hoftag am 8. September 1201 unter König Philipp von Staufen die Gebäude zu einem gewissen Teil

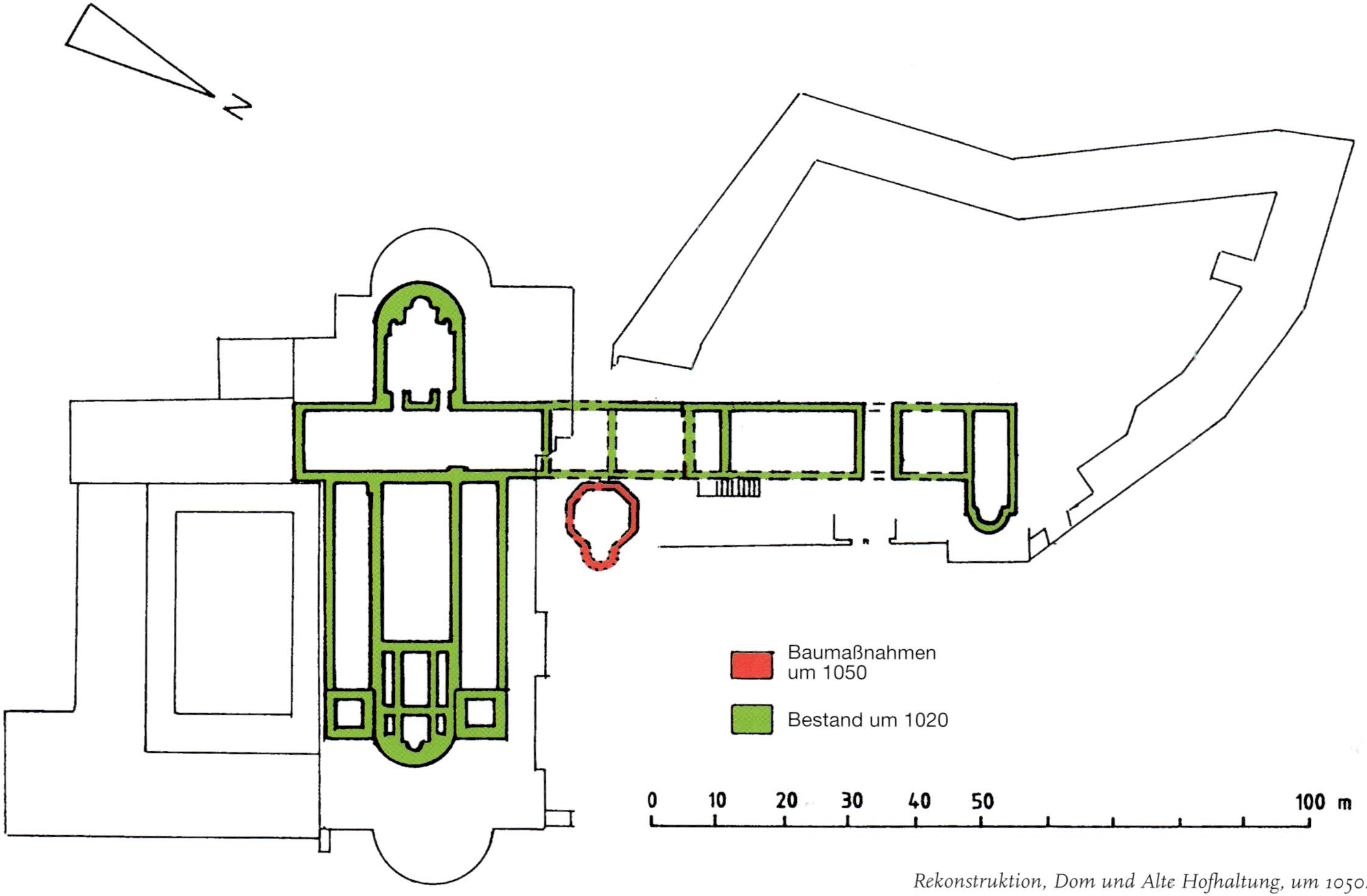

Rekonstruktion, Dom und Alte Hofhaltung, um 1050.

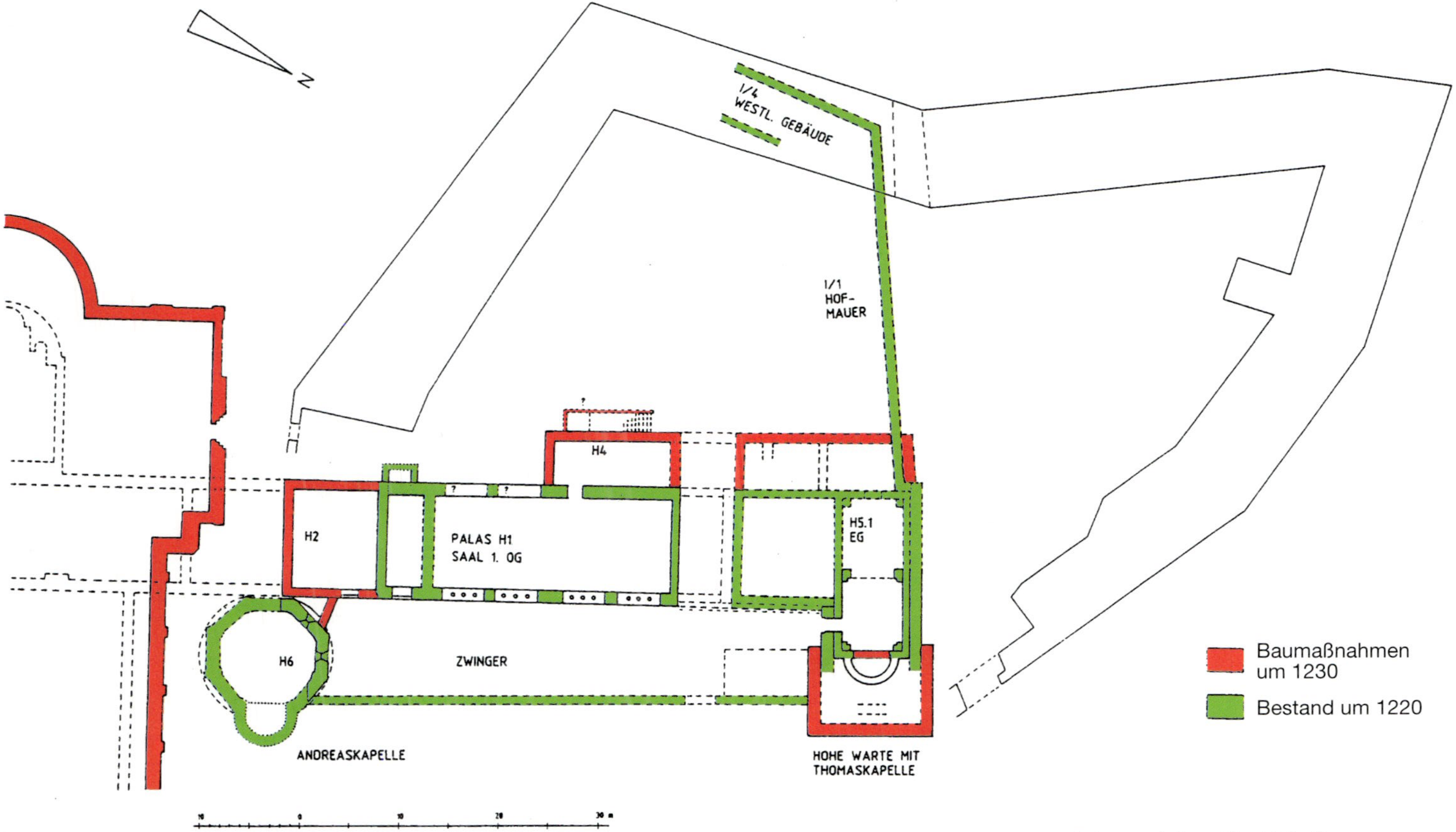

Rekonstruktion, Alte Hofhaltung, um 1220.

wieder hergestellt waren. Trotzdem bot der Brand einen guten Vorwand, große Bereiche der Domburg mit Neubauten zu versehen. Vorbereitet hat diesen Plan bereits Bischof Thiemo, verwirklicht hat ihn sein Nachfolger Bischof Ekbert aus dem Hause Andechs-Meranien.

Zunächst brachte jedoch die Ermordung König Philipps durch den Pfalzgrafen Otto von Wittelsbach im Jahre 1208 die Planung in Bamberg zum Stillstand. Diese schreckliche Tat fand wahrscheinlich in den Gemächern der Alten Hofhaltung statt, als sich der König zur Ruhe begeben wollte. Äußerer Anlaß für den Mord war persönliche Rache, weil König Philipp die Heiratspläne des Pfalzgrafen durchkreuzte. Im Grunde ging es aber vor allem auch um politische Machtspiele: in Deutschland standen sich zwei Könige gegenüber. So sammelte der Staufer Philipp vor den Toren Bambergs ein gewaltiges Heer, um gegen den Welfen Otto IV., der sich zum Gegenkönig wählen ließ, einen entscheidenden Schlag zu führen. Die Geschichte wollte es jedoch anders, Otto IV. wurde als Deutscher König anerkannt, Otto von Wittelsbach büßte aber dennoch für seine Tat mit dem Schwert. Der Bamberger Bischof Ekbert, der ein Gegner Philipps war, wurde der Mitwisserschaft an der Un-

Die Alte Hofhaltung, kolorierte Federzeichnung, um 1476.

tat bezichtigt und mußte zu seinem Schwager nach Ungarn flüchten. Dank der Vermittlung des Papstes erreichte Ekbert die Wiedereinsetzung in sein Bistum im Jahre 1211.

Bischof Ekbert (1203–37) ist vor allem der Domneubau zu verdanken. Der genaue Baubeginn ist nicht bekannt, die Meinungen gehen hier auseinander. Er lag jedoch kaum zwischen 1208 und 1211, als Ekbert im Exil weilte. Meist wird 1212 angenommen, diskutiert werden aber auch die Jahre 1203 bis 1207. Die Grundsteinlegung muß etliche Jahre vor der aus schriftlichen Quellen bekannten Weihe eines Marienaltars im Jahre 1229 liegen, die Schlußweihe des Domes fand 1237 statt. Ekbert plante einen zeitgemäßen, prächtig ausgestatteten Kirchenbau, übernahm jedoch den Grundriß des Heinrichsdomes mit einem Ost- und Westchor. Der Dom, ehedem mit dem Pfalzbau verbunden, wurde wie eine Skulptur freigestellt, um ihn auf drei Seiten umschreiten zu können (S. 13). Mit dem Verzicht auf eine Verbindung zwischen Dom und Palas war nun auch ein ungehinderter Zugang vom Domplatz zur Curie St. Elisabeth der Andechs-Meranier möglich.

Bereits in den ersten Jahren seiner Amtszeit, 1203–1207, begann Bischof

Ekbert mit der Erneuerung der Alten Hofhaltung. Während der Zeit seines Exils, 1208–1211, gab es eine Bauunterbrechung. Danach folgten neue Planungsideen, wobei zwischen 1212 und 1230 zwei Bauabschnitte unterschieden werden können, die ein geändertes Konzept erkennen lassen. Eine gute Anschauung der bischöflichen Pfalz und des überwiegenden Neubaues am Domplatz überliefern Federzeichnungen und ein Gemälde zwischen 1476 und 1500 (S. 14, 22). Die Darstellungen der Alten Hofhaltung zeigen die östliche Palasfront, wie sie bis Mitte des 16. Jahrhunderts bestand. Im Süden schloß ein schmälerer Anbau an, daran links die oktogonale Andreaskapelle, deren Reste nach dem Abbruch von 1777 heute noch zu sehen sind. Den rechten Abschluß bildete die Hohe Warte mit der noch zum Teil erhaltenen Katharinenkapelle in den beiden unteren Geschossen. Die darüber liegenden Stockwerke wurden ebenfalls 1777 abgetragen.

Zum Domplatz öffnete sich der Palas an seiner Ostseite durch große Rundbogenarkaden, gegliedert durch Säulen in je vier Bogenöffnungen. Die dargestellten Säulen scheinen Knospenkapitelle zu tragen, deren Formen frühestens Anfang des 13. Jahrhunderts in Bamberg denkbar sind. Hinweise hierfür liefern Kapitelle der 1200-1207 erbauten Michaelskapelle des Klosters Ebrach und zahlreiche Knospenkapitelle des Bamberger Domes aus der Zeit um 1225. Hinter den Rundbogenöffnungen lag der Festsaal. Das südlich des Saalbaues liegende zweigeschossige Gebäude mit Treppengiebel zum Domgebäude gehört in den Grundmauern den Bauphasen des 11. bis 13. Jahrhunderts an. Der Giebel, die unregelmäßig angeordneten Fenster und der Schornstein zeigen aber, daß es sich um einen gotischen, beheizbaren Umbau des 14./15. Jahrhunderts handelt. Die Andreaskapelle am südlichen Ende der Alten Hofhaltung erhob sich als doppelgeschossiges Oktogon, mit rundbogigen Fenstern und Zeltdach. An der Ostseite schloß eine Apsis ähnlich einem Türmchen an. Zu erkennen sind zahlreiche Veränderungen der Gotik – Maßwerkfenster und bekrönende Fialen.

Die Darstellung der Hohen Warte am Ende des Palas mit der Thomas- und Katharinenkapelle in den unteren Geschossen gibt die ebenfalls gotische Umbauphase wieder – Maßwerkfenster, Erker, mit Brettern verschaltes Obergeschoß. Zwischen der am südlichen Ende stehenden Andreaskapelle und der Hohen Warte erstreckte sich eine zinnenbewehrte Mauer, die vor dem Palas einen Zwinger abgrenzte. Daß sie nachträglich eingefügt wurde, zeigt der Anschluß an die Andreaskapelle. Das rundbogige, romanische Tor in der Zwingermauer begleitete ein breites, scheinbar mit Akanthuslaub geschmücktes Ornamentband, das für eine Entstehung um 1200 spricht. Bekrönt wurde das Tor durch gestaffelte Zinnen, die wohl einer Bauphase des frühen 15. Jahrhunderts angehören. Auf einer eingetieften Fläche über dem Tor befand sich eine Wandmalerei, das sitzende Kaiserpaar Heinrich und Kunigunde mit dem Dommodell und einem Wappen, das nach der Zeichnung nicht zu identifizieren ist. Die an der Nordseite der Hohen Warte anschließende Mauer mit Fachwerklaufgang begrenzte den im 15. Jahrhundert erweiterten Hofbereich. Die Mauer schwenkt ab dem Nordwesteck der Hohen Warte zunächst nach Norden, um dann am Ende, nach einem Knick, nach Westen zu laufen.

Im ersten Bauabschnitt 1203–1208 entstand auf den Fundamenten des Palas Heinrichs II., wie berichtet, ein neuer 4 m längerer Saalbau. Dieser erstreckte sich von der Nordmauer der Kanzlei bis zur Thomaskapelle. Die älteren Abbildungen zeigen an der Stelle des Festsaales drei Gruppen rundbogiger Arkaden mit je vier Bogenöffnungen (S. 22). Es wird jedoch angenommen, daß die Schauseite ursprünglich vier Arkadengruppen hatte, um eine symmetrische Ansicht zu erhalten, wobei die nördliche Gruppe wohl im 15. Jahrhundert durch ein großes Rechteckfenster ersetzt worden ist. Der Zugang in den Saal erfolgte durch das heute noch vorhandene rundbogige Portal an der Westseite, zu dem wahrscheinlich eine Außentreppe emporführte.

Nach Norden und Westen erhielt der Bischofssitz eine ca. 1,20 m starke Wehrmauer, die am Nordwesteck der Thomaskapelle begann und innerhalb des Südwestflügels abbog. An die westliche Hofabschlußmauer lehnte sich ein Gebäude, dessen Spuren im Südwestflügel ergraben wurden. Zu dieser Bauphase, vor 1208, gehört die auf der Federzeichnung von 1476 dargestellte Zwingermauer zwischen Andreaskapelle und Hoher Warte. Dagegen gehört die Zinnenbekrönung über dem Tor mit der Malerei des Kaiserpaares dem 14. oder 15. Jahrhundert an.

Besonders deutlich sind die einzelnen Bauabschnitte in der Thomaskapelle ablesbar. Noch vor 1208 erhielt das Langhaus der Kapelle aus der Zeit Kaiser Heinrichs ein zweijochiges Kreuzgewölbe, dazu mußten die Außenmauern durch eine Schale aus Quadersteinen verstärkt werden. Es wurden sechs Wandpfeiler auf steilen attischen Basen mit Gurt- und Schildbögen eingefügt, die das Gewölbe tragen sollten. Der Westteil erhielt eine auf einem Bogen ruhende Empore. In dieser Bauphase blieb die halbrunde Apsis der ersten Kapelle noch erhalten.

Nachdem die Wehrmauer den ersten Bauabschnitt nach 1200 darstellt, wie sich aus der Auswertung der archäologischen Befunde ergibt, ist die Verstärkung der Kapellenlängsseite der zweite. In einem weiteren Bauabschnitt noch unter Bischof Ekbert, zwischen 1212 und 1230, wurde die halbrunde Apsis im oberen Teil abgebrochen. Dabei gingen die ersten vier Zeilen der Weiheinschrift verloren, der Rest wurde mit Bauschutt aufgefüllt und darüber ein höher liegender Chor errichtet. Seine Kreuzgratgewölbe werden von Säulen mit Würfelkapitellen und attischen Basen getragen. Über dem Chor entstand die Hohe Warte, die als Wachturm diente und in den oberen Geschossen Wohnräume enthielt. Zwischen Empore und Chor befand sich eine große Öffnung über einem tieferliegenden Raum, der durch ein mit Palmetten geschmücktes Portal betreten werden konnte. Das untere Geschoß diente als Laienraum für die Bediensteten des Bischofs. Der Bischof konnte von seinen Wohnräumen, die an den Festsaal anschlossen, über einen schmalen Gang an der Nordseite der Kapelle direkt in den Chor gelangen und dort seine tägliche Messe feiern. Die Hofleute nahmen daran auf der Westempore teil. Am Ende des Ganges führte eine rundbogige Pforte in den Chor. Die bischöfliche Hauskapelle St. Thomas gehörte nach dem Umbau des 13. Jahrhunderts somit dem Typus einer zweigeschossigen Chorturmkirche mit Westempore an. Vorbild war hierfür die um 1180 entstandene Kaiserkapelle in Nürnberg. Der Anlagetypus einer Saalkirche mit Empore und Altarraum in einem Turm ist in zahlreichen Kirchen des 13. Jahrhunderts zu finden – St. Nikolaus in Odilienberg und Matrei, St. Kunigund bei Burgenroth, St. Mauritius in Winterhausen.

Der langgestreckte Anbau an der Hofseite des Palas ist in der ersten Hälfte des 13. Jahrhunderts angefügt worden und diente der Erschließung des Saales und der nördlich folgenden Räume (S. 13). Mit ihm erhielt die Thomaskapelle den westlichen Eingang im Erdgeschoß. Wahrscheinlich führte eine einläufige Treppe am südlichen Ende des Anbaues in den Gang des Obergeschosses, von dem durch die rundbogige Pforte der Festsaal und am nördlichen Ende die Empore der Thomaskapelle betreten werden konnte. Der Verlauf der Mauerzüge zeigt, daß der Anbau im engen Zusammenhang mit einer Erweiterung der Durchfahrt nach Norden und einer Mauerverstärkung der Palasostseite zu sehen ist und ebenfalls dem dritten Bauabschnitt des frühen 13. Jahrhunderts zugerechnet werden muß. Die Nordseite des Palasanbaues übergreift die nördliche Hofabschlußmauer und endet am Nordwesteck mit einer deutlichen Eckquaderung (S. 57).

Der Palas der Alten Hofhaltung in Bamberg entstand als Gebäudetyp aus dem Saalbau ohne Gang an der Längsseite, wobei der Saal die gesamte Breite des Gebäudes einnimmt. Zu diesem Typ gehören auch die Hauptgebäude in Paderborn, Goslar, Eger, Gelnhausen, Braunschweig und Nürnberg. Den vorgelegten Erschließungsgang mit Arkadenöffnung, wie ihn die Alte Hofhaltung im frühen 13. Jahrhundert erhielt, besaßen auch der Palas der Wartburg, der Bischofshof in Worms und der Palas in Wimpfen.

Zur Gründerzeit und auch noch im 12. Jahrhundert war der Bischofshof unbefestigt und öffnete sich zum Domplatz. Erst im frühen 13. Jahrhundert erhielt die Alte Hofhaltung nach Norden, Westen und Osten eine Wehrmauer. Die Pfalz wurde damit zu einer befestigten Anlage innerhalb der Domburg. Dies bedeutete, auch wenn die repräsentative Schaufront des Palas am Domplatz lag, daß eine Orientierung zum Innenhof und damit eine Erschließung des Palas und der Kapellen von Westen erfolgte.

14. bis Mitte 15. Jahrhundert

Ein Umbau der bischöflichen Hauskapelle ist im Zusammenhang mit einer testamentarischen Stiftung zur Herstellung der Katharinenkapelle durch Bischof Leupold II. von Egloffstein (1335–43) im Jahre 1343 zu sehen. Seit dieser Zeit dürfte die Kapelle mit dem Katharinenpatrozinium verbunden sein. Der Ostteil der Kapelle erhielt das spitzbogige Maßwerkfenster, wie es auf der Zeichnung um 1476 zu sehen ist (S. 14). Der Aufbau der Hohen Warte mit dem holzverschalten Obergeschoß, der Erker und die Kreuzstockfenster gehören wohl eher dem späten 14. oder frühen 15. Jahrhundert an. Hierzu fügt sich, daß die Kapelle durch eine Zwischendecke in ein höher liegendes Kirchenschiff, auf der Ebene des östlichen Chores, und einen tiefer liegenden Raum unterteilt worden ist. Zu der Kapelle führt eine Außentreppe mit einer spitzbogigen Pforte, die zeitgleich mit dem östlichen Maßwerkfenster anzusetzen ist.

Im Raum unter der Kapelle lassen Ritzungen im Sandstein, eine davon mit der Jahreszahl 1431, erkennen, daß sich hier ein Gefängnis befand (S. 55). Bestätigt wird dies auch durch

Missetäter in einem „Holzstock", 1475.

Bauprotokolle von 1490 und 1494, aus denen Lage und Beschaffenheit des Gefängnisses hervorgehen. Zahlreiche Hinweise auf Inhaftierte in der Alten Hofhaltung sind belegt. 1546 war ein Delinquent wegen Totschlags eingekerkert, ein anderer hatte 1551 zwei Gänse gestohlen und wurde „in den Stock gesetzt", d.h. er war zwischen zwei Holzblöcken sitzend eingespannt. Es ist aber auch überliefert, daß 1561 ein Gefangener, der wegen Diebstahls einsaß, entkommen konnte, als der Torwärter ihm das Essen brachte. Bedeutendere Gefangene mußten allerdings nicht in der dunklen Thomaskapelle einsitzen. So ist vom Kanzler Georg Haan, der wegen eines Hexenprozesses inhaftiert war, bekannt, daß er in einer Kammer der Alten Hofhaltung, vermutlich in der Hohen Warte, eingesperrt war, so daß er seiner Köchin vom Fenster aus einen in einem Handschuh versteckten Brief zuwerfen konnte. Die Familie wurde freilich im Laufe des Prozesses ausgelöscht.

Ein im westlichen Bereich der Alten Hofhaltung ergrabenes Gebäude wird vom Südwestflügel überschnitten. Es ist nachträglich in die Hofabschlußmauer des 13. Jahrhunderts eingefügt worden und nimmt die Richtung dieser Mauer auf. Es gehört, wie das Mischmauerwerk erkennen läßt, dem 14. oder 15. Jahrhundert an. Ende des 14. Jahrhunderts verlegten die Bischöfe ihren Wohnsitz in die stark befestigte Altenburg auf einem Bergkegel außerhalb der Stadt. Sie blieben dort bis zum Markgrafenkrieg, als Albrecht Alcibiades 1553 die Burg einnahm. Mit 400 Wagen gefüllt mit Schätzen, Gold- und Silbergeschirr zog er aus Bamberg wieder ab, jedoch nicht ohne vorher die Burg niederzubrennen.

Ende 15. Jahrhundert

Das Aussehen des Bischofssitzes zum Domplatz in der Spätgotik gibt die Federzeichnung um 1476 wieder (S. 14). Der Palas, flankiert von Andreaskapelle und Hoher Warte, verbunden durch eine Zwingermauer, läßt den Bestand des 13. Jahrhunderts mit den Veränderungen späterer Jahre erkennen.

Ab 1475/76 erweiterte Fürstbischof Philipp von Henneberg (1475–1487) die Alte Hofhaltung nach Norden auf den heutigen Umfang durch Anfügung eines dreieckig zugespitzten Grundstückes. Zunächst errichtete er außerhalb des Bischofssitzes des 13. Jahrhunderts den Nordwestflügel als zweigeschossigen Fachwerkbau. Das Gebäude ist im 15. und 16. Jahrhundert als Wagenstall und Wagenhaus überliefert. Die Abrechnung von Hufeisen für Pferde in diesem Stall läßt erkennen, daß hier sowohl Kutschen als auch Zugpferde untergebracht waren. Nach Norden schloß Henneberg die Hoferweiterung durch eine Mauer mit einem Fachwerklaufgang ab. Der Gang ist auf der Federzeichnung um 1476 auf der rechten Seite dargestellt. Er setzte am Nordwesteck der Hohen Warte an und lief an der nördlichen Hofseite parallel zur heutigen Oberen Karolinenstraße entlang.

Der dreigeschossige Südwestflügel ist 1477/78, ebenfalls unter Philipp von Henneberg, an den Nordwestflügel angefügt worden. Vor Errichtung des Südwestflügels mußten die beiden ergrabenen Hofgebäude im westlichen Bereich der Alten Hofhaltung und die alte Hofabschlußmauer des 13. Jahrhunderts abgetragen werden. Bereits zur Erbauungszeit befand sich im Erdgeschoß des Südwestflügels ein Pferdestall, dessen Zugänge zwei spitzbogige Pforten bildeten. Ende 15. bis Mitte 16. Jahrhundert wird der Flügel in den schriftlichen Quellen als „Casten" und „Castenpoden" bezeichnet, danach bis Ende 17. Jahrhundert als „Hofcasten". Die Dachgeschosse sind als „Getreideböden" und „Haberböden" überliefert. Gleichzeitig mit dem Südwestflügel entstand als südlicher Abschluß zur Domgasse eine Hofabschlußmauer aus Sandsteinquadern. Anstelle der 1487 eingebauten spitzbogigen Dompforte stellte ein heute zugesetzter rundbogiger Zugang die Verbindung zum Veitsportal des Domes her.

In einem dritten Bauabschnitt wurde durch Henneberg 1478/79 der durch Baunähte abgegrenzte mittlere Abschnitt des Südflügels an die Hofmauer angebaut. Während der Nordwestflügel ursprünglich als zweigeschossiger Fachwerkbau errichtet wurde, entstanden Südwest- und Südflügel im Fachwerk über einem massiven Erdgeschoß. Gemeinsam sind den spätgotischen Gebäuden die malerischen Holzgalerien. Die Fachwerkobergeschosse hatten an der Straßenseite einen Wehrgang, der im Nordwestflügel noch vorhanden ist. Er konnte nur von den Treppenhäusern und an den Gebäudeenden betreten werden. Nachts konnte hier ein Wächter seine Runden drehen und die Gassen außerhalb der Alten Hofhaltung beobachten. Der Südflügel ist seit dem späten 15. Jahrhundert als Küchenbau überliefert. Die Küche bestand aus einem großen Raum, der die heutigen beiden mittleren Säle umfaßte. In der Mitte erhob sich ein Rauchfang, dessen Pfeilerfundamente und Herdstelle an der Südseite freigelegt wurden. Im Südosteck der Küche führte eine einläufige Treppe zu einem kleinen Keller. Neben der Kellertreppe lag ein über 12 m tiefer Ziehbrunnen, der im 18. Jahrhundert mit einem Gewölbe versiegelt wurde. Östlich der Küche lag die mit einem spitzbogigen Kreuzgratgewölbe überdeckte Speisekammer. Westlich der Küche befand sich die Backstube. Den Abschluß der Arbeiten datiert das über der westlichen Tordurchfahrt angebrachte Wappen des Fürstbischofs Philipp von Henneberg mit der Jahreszahl 1479.

Der Baugedanke Hennebergs bestand aus einer Erweiterung der Alten Hofhaltung durch eine Verdoppelung des Flächenraumes. Er schuf dies durch Fachwerkbauten auf hohen steinernen Untergeschossen, die zu den anschließenden Gassen nur kleine Fenster hatten und damit dem Bischofssitz einen wehrhaften Charakter nach außen gaben. Diesem Verteidigungsgedanken entspricht auch der umlaufende Wehrgang.

Fürstbischof Heinrich III. Groß von Trockau (1487–1501) schloß 1487–1489 die Erweiterung Hennebergs durch die Anfügung des repräsentativen Nordflügels und der östlichen Tormauer mit Wehrgang ab. Über diesen Gang konnte man in den Chor der Katharinenkapelle gelangen, wie die Türöffnung an der Nordseite der Kapelle erkennen läßt. Er ersetzte damit die auf der Zeichnung um 1476 dargestellte nördliche Hofmauer.

Die Erdgeschoßräume des Nordflügels sind als Zeughaus überliefert, der große Keller als Wein- und Bierkeller. Die Obergeschoßräume sind repräsentativer ausgebaut als im Westflügel, wie die Bohlenstube mit der durch gewendelte Kanneluren verzierten Säule zeigt. Die östlichen Räume,

Badstube, 1508.

Die Feuerprobe der heiligen Kunigunde vor der Alten Hofhaltung, Tafelbild, um 1490.

unter denen eine weitere Bohlenstube nachgewiesen werden kann, waren über eine Wendeltreppe mit der darunter liegenden bischöflichen Badestube verbunden.

Am 16. Oktober 1487 brach in der Alten Hofhaltung ein Brand aus, nicht wie bislang angenommen in der neu errichteten Badstube, diese war zu dem Zeitpunkt noch ein Rohbau, sondern in einer älteren Badstube, die in der Nähe des Brunnens lag. Die „Neue Badstube" dagegen befand sich am östlichen Ende des Nordflügels. Es gelang zwar, den Brand örtlich zu begrenzen, aber die oberen Geschosse der Hohen Warte und der auf der Federzeichnung um 1476 dargestellte Fachwerkgang, an dem sich wahrscheinlich auch die ältere Badstube lehnte, brannten ab. Die Hohe Warte erhielt den spätgotischen Fachwerkaufbau mit zwei Erkern an der Ostseite und vier Ecktürmchen im Dachbereich, wie auf dem Tafelbild „Die Feuerprobe" um 1490 dargestellt ist. Dem romanischen Eingangstor an der Domplatzseite wurde eine Fußgängerpforte beigegeben, die auf der Berliner Zeichnung um 1476 noch fehlt, aber auf den Darstellungen ab 1490 wiedergegeben ist. Der Abschluß der Umbauarbeiten im Jahre 1489 ist durch die Hofkammerrechnungen belegt, außerdem durch die Jahreszahlen am Wappen des Bischofs über der östlichen Einfahrt (S. 71). Bischof Heinrich III. setzte die Planungen Hennebergs mit Errichtung eines wehrhaften steinernen Erdgeschosses fort, übernahm aber nicht konsequent das Konzept eines umlaufenden Außengangs. Die Räume des Fachwerkobergeschosses im Nordflügel orientieren sich nach außen zur Straße und werden von der hofseitigen Galerie aus erschlossen. In diese Galerie mündet der Außengang des Nordwestflügels, um sich dann am östlichen Ende des Nordflügels mit dem Laufgang über der Tormauer zu verbinden. Von diesem Fachwerkgang aus konnten nicht nur die Obergeschosse der Hohen Warte und der Chor der Katharinenkapelle erreicht werden, sondern auch über die im Obergeschoß begehbare ältere Beschlagbrücke der hofseitige Gang des Palas. Wahrscheinlich gab es vom südlich an den Palas anschließenden Gebäude eine brückenartige Verbindung zum Südflügel, um den Umlauf zu vervollständigen. Dieser Übergang kann für die 2. Hälfte des 16. Jahrhunderts anhand von Baubefunden nachgewiesen werden.

16. Jahrhundert

Ende des 15. Jahrhunderts bestand die Küche im Südflügel aus einem großen Saal mit einem gewaltigen Rauchfang über der Feuerstätte in der Mitte. Anfang des 16. Jahrhunderts wurde die Küche in zwei Räume unterteilt, getrennt nach Funktionen. Während die östliche Küche noch den Rauchfang mit Herd, Brunnen und Kellerzugang behielt, ist für die westlich anschließende Küche eine Nutzung als „Bratstätte“ mit einem eigenen Rauchfang überliefert. Ab Mai 1502 folgte im Rahmen des Küchenumbaus eine Erweiterung des Südflügels nach Osten, über die detaillierte Eintragungen in den Hofkammerrechnungen zu finden sind. Dieser Abschnitt ist 1575/76 wieder abgebrochen und erneuert worden, kann aber anhand von Baubefunden, Gewölbeabdrücken und ergrabenen Fundamenten nachgewiesen werden. In dieser Zeit fand auch ein großer Umbau des Pferdestalles statt. Dabei wurde die spitzbogige Pforte zugesetzt und ein Schulterbogenportal eingebaut.

Über die umfangreichen Umbaumaßnahmen im Jahre 1508 unter Fürstbischof Georg III. Schenk von Limburg (1505–22) im nördlichen Abschnitt des Palas, bei denen der Bereich zwischen Palas und Katharinenkapelle weitgehend erneuert wurde, berichten ausführlich die Hofkammerrechnungen. Einen Nachweis für eine Erneuerung dieses Bereichs lieferte auch die archäologische Grabung und eine Federzeichnung aus dem Jahre 1508, die eine Baulücke nördlich des Palas wiedergibt (S. 24). Die Zeichnung bestätigt die Rechnungsbelege, nach denen der Abschnitt nördlich des Palas abgetragen und wieder neu aufgebaut worden ist. Für diese Baumaßnahmen ließ Georg III. von dem Baumeister Hans Beheim d. Ä. aus Nürnberg „ein visierung uff zweierlei art zum baw im hoff“ machen. Sein Knecht transportierte die Visierung, möglicherweise ein Modell, nach Bamberg. Dafür er-

Heiltumsprozession mit Dom und Alter Hofhaltung, kolorierte Federzeichnung, 1508.

hielt Beheim am 9. März 1506 die stattliche Summe von 14 Gulden „zu verehrung“. Es ist durchaus denkbar, daß die Errichtung des nördlichen Palasanbaues Bestandteil eines Entwurfskonzeptes Hans Beheims war, das freilich nur zu einem geringen Teil ausgeführt worden war. 1516 lieferte Beheim erneut im Auftrag Fürstbischof Georgs III. einen Entwurf für eine Kemenate „zu hoff“. Das umfangreiche Objekt sah auch den Neubau eines „salbaues“ vor, wurde jedoch über die Planungsphase hinaus nicht weiter verfolgt.

Unter Fürstbischof Weigand von Redwitz (1522–56) geriet Bamberg durch den Bauernkrieg 1525 in schwere Bedrängnis. Während sich der Bischof auf die Altenburg zurückzog, plünderten Städter und Landvolk die Domherrenhöfe und die Alte Hofhaltung. Bücher, Akten und Schriftstücke wurden auf die Straße geworfen oder gar vernichtet, Fenster und Öfen zertrümmert. Die Bauern brannten die bischöfliche Burg Giech und so manches Schloß ab. Selbst nachdem sie bei Würzburg vernichtend geschlagen wurden, fiel noch Hallstadt den Flammen zum Opfer. Die Bauern wurden gefangen genommen und die Bamberger Rädelsführer auf dem Marktplatz hingerichtet.

In den letzten Lebensjahren Fürstbischof Weigands hatten die fränkischen Territorien 1552–1554 nochmals schwer zu leiden, diesmal unter den Raubzügen des Markgrafen Albrecht Alcibiades. 1559 besetzte er vorübergehend Bamberg, plünderte die Altenburg aus und brannte sie, wie berichtet, nieder.

Erneut fand 1556 eine größere Baumaßnahme im Bereich nördlich des Palas unter Fürstbischof Georg IV. Fuchs von Rügheim (1554–61) statt. Die ausführenden Meister waren der Steinmetz Jakob Mailick aus Forchheim und der Zimmermann Jörg Wieber. Ältere Abbildungen von 1580 bis 1780 zeigen Fachwerkgeschosse über einem massiven Erdgeschoss (S. 27, 33). 1558 wurde auch die hölzerne Zwischendecke in der Katharinenkapelle durch ein Gewölbe ersetzt.

Fürstbischof Veit II. von Würzburg (1561–77) veränderte das mittelalterliche Aussehen der Alten Hofhaltung, vom Domplatz aus gesehen, völlig. Er tat dies mit einem Selbstbewußtsein, wie es nur unter einem Renaissancefürsten denkbar ist. Die umfangreiche Bautätigkeit begann bereits Ende 1567 mit vorbereitenden Maßnahmen. Deshalb verlegte der Bischof Anfang 1568 einen Teil der Amtsräume vorübergehend in seinen Domherrenhof, die Curia St. Elisabeth, in der er auch wohnte. Ab Mai 1568 sind Abbrucharbeiten an der Kanzlei, die hinter der Andreaskapelle lag, verzeichnet. An dieser Stelle errichteten der Steinmetz Erasmus Braun und der Zimmermann Jörg Wieber die Neue Kanzlei, von der das Erdgeschoß noch vorhanden ist.

Der Neubau des Ratsstubenbaues im ehemaligen Zwingergarten vor dem Palas kündigte sich durch eine Zahlung von 1 Gulden 3 Ort „für 4 taglohn“ am 12. Oktober 1568 an den Steinmetz Jakob Mailick und den Zimmermann Ambrosius „zu berathschlagung der neuen rathstuben“ an. Meister Jakob Mailick war laut Abrechnung vom 6. November 1568 nochmals vier Tage in Bamberg, um für den Neubau seinen Rat zu geben, wofür er 1 Gulden erhielt. Durch die Rechnung eines Wirtes am Steinweg ist belegt, daß der als Baumeister in der Plassenburg tätige Caspar Vischer vom 2. bis 5. Juli 1569 „zu berathschlagung des vorhabenden baus der neuen ratstuben“ mit seinem Sohn in

Bamberg weilte. Caspar Vischer erhielt auf Anordnung des Bischofs zur Verehrung und Erstattung der Reisekosten 30 Gulden 7 lb 6 Pf.

Mitte Juni 1570 fand die Grundsteinlegung des Ratsstubenbaues statt, bei der ein eigens von Caspar Bock geprägter Taler eingemauert wurde. Im Oktober 1571 war der Bau soweit vollendet, daß Fensterrahmen eingesetzt werden konnten. In der Abrechnung wurden die Steinmetzarbeiten Erasmus Brauns ausführlich beschrieben: „...steinwerck vier stockwerck hoch, und von grundt auf zwey stockwerck hoch zu welben, ... fenster, gestellen, simbsen, bildwercken, wappen, calaunen, postament ... steingang in die cantzley ... thor mit einem schönen giebel ... schnecken mit freien schefften, durchsichtig vier stockwerck hoch ...“ Für seine Arbeit erhielt Erasmus Braun 2500 Gulden, der Zimmermann Jörg Wieber 120 Gulden. Beide schufen einen prächtigen Giebelbau mit Voluten, halbkreisförmiger Muschelbekrönung, gegliedert durch Lisenen und Gesimse. Treppenturm und Erker sind asymmetrisch angebracht. In der tragenden Figur am Erkerfuß hat sich wohl der Steinmetz und Baumeister Erasmus Braun verewigt (S. 29).

Ratsstubenbau, Andreaskapelle und Neue Kanzlei verband Erasmus Braun durch einen zweiflügeligen Gangbau, der ursprünglich zu einem kleinen Höfchen offene Arkaden hatte. Die zugehörigen Säulenbasen und Fragmente der runden Schäfte sind ergraben worden. Im 18. Jahrhundert ist dieser Bereich zu einem dreiflügeligen, geschlossenen Trakt umgebaut worden. Die reichverzierte Schöne Pforte zwischen Ratsstubenbau und Hoher Warte errichtete Erasmus Braun Ende 1571. Im November hatte der Zimmermann Jörg Wieber zur Schönen Pforte das „neu thor und pfordlein angehenkt“. Der Bildhauer Pankraz Wagner fertigte die Figuren der „wilden Frauen uber das neu thor gehorig“. Der Hofmaler Jakob Ziegler gestaltete die Fassade des Ratsstubenbaues mit leuchtenden Farben und gab auch der Schönen Pforte eine Ölfarbenfassung.

Gleichzeitig mit der Ausstattung der Innenräume des neuen Ratsstubenbaues wurden in Kemmern, Memmelsdorf und Hauptsmoor Steine gebrochen für den „vorhabenden kuchenbau“ im Südflügel. Anfang 1575 reiste Erasmus Braun nach Ansbach, um sich das von Hans Beheim d.Ä. 1522–1528 umgebaute und erweiterte Schloß und vor allem auch die Fürstenküche anzusehen. Mitte 1575 begann Erasmus Braun am östlichen Ende des Südflügels der Alten Hofhaltung mit dem Umbau, wobei er die Giebelmauer und den Abschnitt bis zum Gebäudeknick neu errichtete. Die 1501/02 entstandene Küche unterteilte er in zwei Räume – östlich in die Fürsten- und westlich in die Gesindeküche. In den Hofkammerrechnungen wird von einer Einwölbung der „Neuen Küche“ anstelle einer Holzbalkendecke, der Abtragung des alten Küchenschlotes, dessen Erneuerung und dem Einbau einer Wendeltreppe berichtet. Erasmus Braun plante eine durch eine Zwischenwand geteilte zweischiffige

Die Alte Hofhaltung vor dem Teilabbruch, Zeichnung von Johann Georg Kauffmann, 1778.

Halle, mit sechs rechteckigen Jochen auf zwei Rundpfeilern und zugehörigen Wandvorlagen. Im mittleren südlichen Joch befand sich ein großer Rauchfang mit einem zusätzlichen Rundpfeiler an der Nordseite. Der Rauchfang war zum Raum durch Flachbögen begrenzt, die auf den Kapitellen der Pfeiler und Wandvorlagen ruhten.

Es folgte im Südflügel die Erneuerung der Fachwerkobergeschosse, der Holzgalerien und des Dachstuhles. Als Abschluß der Arbeiten fügte Erasmus Braun die Wendeltreppe am westlichen Ende zwischen erstem Ober- und Dachgeschoß über der alten Treppe ein. Im zweiten Obergeschoß wurde der Gedanke des 15. Jahrhunderts, einen Wächtergang an den Außenseiten entlang laufen zu lassen, wieder aufgenommen. Von ihm aus konnte über eine Brücke die Neue Kanzlei erreicht werden.

Gleichzeitig mit dem Küchenbau errichtete Erasmus Braun Anfang 1576 eine neue Hofschmiede mit steinernem Erdgeschoß, Gewölbe, Esse und Schornstein. Die Lage der Hofschmiede in der Alten Hofhaltung geht aus einer Eintragung vom 31. Mai 1575 hervor – „...pruncasten in der burg gegen der hoffschmitten uber...", d.h. die Hofschmiede lag dem Brunnen gegenüber und war der Innenseite der östlichen Tormauer angefügt.

Als weitere größere Baumaßnahme erscheint Anfang 1576 in den Hofkammerrechnungen der Umbau der Andreaskapelle und über der Kapelle der Aufbau einer Bibliothek durch Erasmus Braun. Die Errichtung des Dachstuhles erfolgte durch Jörg Wieber. Im April 1577 war die Andreaskapelle soweit fertiggestellt, daß Giebel, Fenster, Wendeltreppe und Türen abgerechnet werden konnten. Die Andreaskapelle erhielt eine völlig neue Fassade mit einem quadratischen Aufbau und an den beiden oktogonalen Geschossen eine Vorblendung, aus der die halbrunde Apsis ohne ihre gotischen Verzierungen vorragt. Freilich blieben nach dem Abbruch um 1777 nur noch zwei Wandbereiche der oktogonalen Kapelle erhalten.

Trotzdem ist anhand der Abbildungen des 17. und 18. Jahrhunderts eine Rekonstruktion der abgetragenen Anlage möglich. Zwei Tafeln der Ottolegende von 1610/28 bestätigen die Abbildungen mit der umgebauten Andreaskapelle, allerdings sehr schematisch und im einzelnen wenig zuverlässig. Am genauesten ist die Ostseite der Kapelle auf einem Gemälde um 1780 wiedergegeben (S. 33). Sie ist von Eckquadern eingefaßt und durch eine Lisene in der Mitte geteilt. Der Giebel wiederholt die Form des dreifach gestaffelten Giebels des Ratsstubenbaues, mit Voluten und einer bekrönenden Lünette. Die Ostseite der Kapelle hatte die gleiche Breite wie der Ratsstubenbau und war nur geringfügig niedriger. Die Aufrißgestaltung erhielt dadurch zwei gleiche Höhenakzente zwischen Dom und Hoher Warte.

Nach Abschluß der Arbeiten diente die neu erbaute Kanzlei und die Ratsstube ausschließlich der Zentral- und Lokalverwaltung des Hochstiftes. Im 1. Obergeschoß versammelten sich die Hofräte, denen domkapitelsche Räte, Vertreter der Ritterschaft und bürgerliche Räte angehörten. Über der Ratsstube erhielt der Neubau reich ausgestattete Fürstenzimmer für die zahlreichen Gäste.

Für die Maßnahmen unter Veit II. sind mehrere Baumeister überliefert: In den schriftlichen Quellen zu den ab 1568 entstandenen Bauten – Ratsstube, Gangbau, Aufbau der Andreaskapelle, Schöne Pforte, Neue Kanzlei, Umbauten im Küchenflügel und Hofschmiede – wird vor allem der Steinmetzmeister Erasmus Braun genannt. Die Eintragungen belegen, daß er für den Bauablauf zuständig war und als örtlicher Bauleiter den Bau von Anfang an bis zum Ende begleitete. Ohne Zweifel stellt die tragende Figur unter dem Fuß des Erkers Erasmus Braun dar, auch wenn das Meisterzeichen mit dem Zirkel bislang nicht zugeordnet werden kann. Der Baumeister und Steinmetz hat sich als Trägerfigur des Erkers und damit des gesamten Gebäudes wiedergegeben.

Bei der Frage nach dem planenden Architekten muß Jakob Mailick aus Forchheim erwähnt werden. Erstmals wird die neue Ratsstube am 12. Oktober 1568 bei Zahlungen für eine Beratung an den Steinmetzmeister Jakob Mailick für vier Arbeitstage erwähnt. Ein zweites Mal erhielt Mailick am 9. November 1568 einen Arbeitslohn für vier Tage, als er wiederum „zur berathschlagung der neuen rathsstuben" in Bamberg war. Er war am südlichen Teil des Westflügels der sogenannten „Pfalz" in Forchheim beteiligt und erhielt Zahlungen für einen Erker an der Giebelfront, der asym-

Figur des Steinmetzen und Baumeisters Erasmus Braun am Ratsstubenbau.

metrisch, wie der Erker am Ratsstubenbau, angefügt ist. Nachdem Mailick bereits mehrfach am Bamberger Hof mit der Errichtung von Profanbauten beschäftigt war, ist es naheliegend, daß er den Auftrag erhielt, einen Entwurf für den Umbau des Bischofssitzes zu liefern.

An der Planung war sicherlich auch Daniel Engelhardt beteiligt. Er war seit 1566 bischöflicher Baumeister in Kronach und mit dem Ausbau der Veste Rosenberg betraut, nachdem er unter Caspar Vischer ab 1563 auf der Plassenburg tätig war. Auffallend ist die Ähnlichkeit des südlichen Giebels des ab 1564 errichteten Ostflügels der Veste Rosenberg mit dem Giebel der Ratsstube in Bamberg.

Einen wichtigen Beleg ergab die Archivforschung: Erasmus Braun reiste im März 1569 nach Kronach „in pawsachen". Er war also nach der „Berathschlagung" Jakob Mailicks zur Neuen Ratsstube in Kronach. Wahrscheinlich sah Braun bei dieser Reise die neuen Giebel der Veste Rosenberg; denkbar ist, daß er bei dieser Gelegenheit hierzu Hinweise von Daniel Engelhardt erhielt.

Der Entwurf des Bamberger Ratsstubenbaues scheint aber den Bischof noch nicht überzeugt zu haben, da vom 2. bis 5. Juli 1569 der auf der Plassenburg tätige markgräflich-brandenburgische Baumeister Caspar Vischer mit seinem Sohn zur „beratschlagung des vorhabenden baus der neuen ratsstuben" am bischöflichen Hof weilte. Vischer war zu dieser Zeit durch sein Wirken auf der Plassenburg, am Ottheinrichbau in Heidelberg und an der Ehrenburg in Coburg ein hochangesehener Baumeister. Hierzu ist festzustellen, daß die gotisierenden Einzelformen der Alten Hofhaltung der „monumentaleren Auffassung Caspar Vischers widersprechen". Vischers Ratschlag beschränkte sich wohl auf eine Überarbeitung der Pläne des Forchheimer Meisters Jakob Mailick, in die auch Beiträge von Daniel Engelhardt einflossen. Die spätgotischen Elemente der Ratsstube können jedoch nur auf den ausführenden Baumeister Erasmus Braun zurückgehen, der frei über die Entwürfe verfügen und bei der Überarbeitung eigene Gedanken mit einbringen konnte. Auf ihn gehen die Fenstergewände mit Kielbögen, die sich durchschneidenden Gewölberippen in Erker und Treppenhaus und die verschlungene Rippe am Fuß des Erkers zurück (S. 42).

Bis Mitte des 16. Jahrhunderts folgte man bei Um- und Neubauten der Tradition, die Anlage Kaiser Heinrichs II. zu erhalten. Unter Veit II. entstand nun gegen den Widerstand des Domkapitels im äußeren Erscheinungsbild etwas grundsätzlich Neues. Der alte Saalbau blieb unverändert, wurde aber durch angefügte Repräsentationsbauten so verstellt, daß er sich als rückwärtiger Flügel mit schlechter Belichtung versteckte. An die Stelle einer Anlage mit wehrhaftem Burgcharakter trat ein einladendes Renaissanceschloß, das sich nach außen öffnete.

Die bauliche Leistung zeigt das Gemälde „Die Alte Hofhaltung vor dem Teilabbruch" um 1780 mit den drei Höhenakzenten Andreaskapelle, Ratsstubenbau und Hohe Warte vor dem umgebauten mittelalterlichen Baugefüge (S. 33). Durch die beteiligten Künstler entstanden unter Fürstbischof Veit II. Gebäude aus einer Vermischung antiker und gotischer Formen, ohne daß ein störender Bruch zu erkennen ist. Durch ihre Bauplastik, Ornamentik und Asymmetrie sind sie auf eine malerische Wirkung konzipiert. Der bekannte

Kunsthistoriker Georg Dehio schrieb über die Alte Hofhaltung des 16. Jahrhunderts: Sie ist „durch die künstlerische Feinheit der asymmetrischen Gruppenbildung eine der allerglücklichsten und bezeichnendsten Schöpfungen der deutschen Renaissance".

Ende 16. und 17. Jahrhundert

Fürstbischof Ernst von Mengersdorf (1583–91) plante unter dem Eindruck von Italien, das er auf Reisen kennengelernt hatte, einen Neubau. Er ließ von Wolfgang Beringer 1588 mehrere Planungen und ein Modell erstellen. Trotz der Widerstände des Domkapitels, das immer wieder auf die Altenburg und das 1584–1587 unter Erasmus Braun erbaute Schloß Geyerswörth verwies, verfolgte er weiter seine Pläne. Jedoch machte der frühe Tod Ernst von Mengersdorfs am 21. Oktober 1591 alle Baupläne zunichte.

Ein einzigartiges Zeugnis der Metalltechnik des späten 16. Jahrhunderts ist unmittelbar vor dem Südflügel von Archäologen ergraben worden. Es handelt sich um zwei Glockengußanlagen in einem überraschend guten Zustand, bestehend aus Dämmgruben mit Glockengußformteilen und Brennöfen, wobei eine der Anlagen auch älter sein könnte. Die Funde belegen, daß im Mittelalter und auch noch in der frühen Neuzeit, möglichst nahe bei dem Kirchturm, für den die Glocke bestimmt war, gegossen wurde, um den schwierigen und mit großen Risiken verbundenen Transport zu verkürzen. Die geborgenen Fundstücke sind im Historischen Museum mit Modellen, die den Arbeitsablauf des Glokkengusses zeigen, ausgestellt.

Für Fürstbischof Johann Philipp von Gebsattel (1599–1609) war die Alte Hofhaltung ein reiner Verwaltungsbau, für den er kein großes Interesse zeigte. Mit Erwerb des Mengersdorfhofes, der im Stadtplan Petrus Zweidlers von 1602 als „Neue Hofhaltung" bezeichnet wird, hatte er die Möglichkeit, nach Abbruch älterer Bauten den Nordwestflügel der Neuen Residenz, den sogenannten „Gebsattelbau" zu errichten. Sein Nachfolger Fürstbischof Johann Gottfried von Aschhausen (1609–1622) fügte den Südflügel an.

Während des Dreißigjährigen Krieges blieb Bamberg in der Zeit von 1618–1631 verschont. Dies änderte sich, als die Schweden Bamberg 1632 und 1633 besetzten. In der Alten Hofhaltung quartierte sich der mit den Schweden verbündete Herzog Ernst von Weimar mit seinen Truppen ein. Die Bürger hatten sehr unter dieser Besetzung und auch unter später durchziehenden kaiserlichen und gegnerischen Truppen zu leiden. Sie mußten mehrmals riesige Geldsummen zahlen und Plünderungen über sich ergehen lassen.

18. Jahrhundert

Unter Fürstbischof Lothar Franz von Schönborn (1693–1729) und seinen Nachfolgern war die Alte Hofhaltung mehrmals vom Abbruch bedroht, wie aus den Planungen der Neuen Residenz hervorgeht. Ab 1697 errichtete der Baumeister Johann Dientzenhofer den Eingangsflügel der Residenz und daran rechtwinklig anschließend den Ostflügel. Daß damals schon unter Lothar Franz von Schönborn mit dem Abbruch der Alten Hofhaltung gerechnet wurde, um eine westliche Fortsetzung der Residenz zu ermöglichen, geht aus den Zahnsteinen am Südeck hervor, an denen angeschlossen werden sollte. Freilich kam diese

Erweiterung nicht zur Ausführung, obwohl auch der nachfolgende Fürstbischof Friedrich Carl von Schönborn (1728–46) von Balthasar Neumann und Johann Michael Küchel Erweiterungsprojekte ausarbeiten ließ, bei

Ratsstube mit Wache, Lithographie von Samuel Prout, 1830–1833.

Die Alte Hofhaltung vor dem Teilabbruch, Gemälde von Johann Georg Kauffmann, 1778.

denen der östliche Teil oder auch die gesamte Alte Hofhaltung hätte abgetragen werden sollen.

Inzwischen mußte aber die schadhafte Alte Hofhaltung weiter genutzt werden, so daß dringende Ausbesserungsarbeiten nicht länger hinausgeschoben werden konnten. Neben zahlreichen Reparaturen wurde in diesem Zusammenhang 1740 auch der Pferdestall im Südwestflügel (14) völlig erneuert. Hinzu kommt der Einbau von reich ausgestatteten Wohnungen für höhere Hofbedienstete im Obergeschoß. Auch die Besetzung Bambergs im Siebenjährigen Krieg (1756–63) durch die Preußen war eine schwere Belastung mit Plünderungen in den bischöflichen Gebäuden. In der Alten Hofhaltung quartierten sich Truppen ein, und jeder freie Raum wurde für die Unterbringung der Pferde genutzt.

Trotz mehrfacher Versuche, die in großem Maße auftretenden Bauschäden der Alten Hofhaltung zu beseitigen, ist das heute Vorhandene an der Domplatzseite nur noch ein Torso. Große Eingriffe folgten unter Fürstbischof Adam Friedrich von Seinsheim (1757–79), die im engen Zusammenhang mit der Neugestaltung des Domplatzes zu sehen sind. 1776 begann eine Planierung des Domplatzes im Westen mit einer Absenkung des Bodens zwischen Dom und Hoher Warte, um die starke Neigung der Fläche zu beseitigen. Die Planung dieser Maßnahme lag in den Händen von Franz Ignaz Michael Neumann, dem Sohn Balthasar Neumanns. Um die Domgasse zu erweitern und mehr Licht in das Dominnere zu bringen, wurde am 22. Februar 1777 der Abbruch der Andreaskapelle beim Domkapitel beantragt. Die Abtragung begann mit der Transferierung des Benefiziums. Unter den geborgenen Altarreliquien befand sich das Wachssiegel Bischof Hartwigs von Bogen, aus dem geschlossen werden kann,

Ostansicht der Alten Hofhaltung mit dem Denkmal des Fürstbischofs Franz Ludwig von Erthal, 1914.

daß die Kapelle um 1050 geweiht worden ist.

Bereits wenige Wochen später, am 4. Juli 1777, beantragte die Hofkammer wegen erheblicher Baufälligkeit den Abbruch der Hohen Warte, da der „Einsturz mit Erschlagung mehrerer Personen zu beforchten stehe." Nachdem am 8. Juli 1777 die Abbruchgenehmigung vorlag, folgte nach kurzer Zeit die Abtragung der oberen Geschosse bis auf die Höhe der Katharinenkapelle, die bis heute nur mit einem Notdach gedeckt ist. Damit war ein wichtiger städtebaulicher Akzent, ein Gegenpol zum emporstrebenden Dom, ausgelöscht.

Der Abbruch ging weiter: Im Oktober fielen der größte Teil des Palas, das anschließende Fachwerkgebäude mit der inneren Durchfahrt und im Januar 1779 noch ein Bamberger Wahrzeichen, die seit alters vor dem Palas stehende Tattermannsäule. Seitdem ragt das herrliche Renaissancegebäude, der Ratsstubenbau, einsam in die Lüfte, ohne den Hintergrund und die flankierenden Gebäude, aus denen er gewachsen ist. Mit dem Abbruchmaterial wurde ein Teil des Stadtgrabens aufgefüllt, dadurch entstand die Promenade im Stadtinneren.

Während des Abbruchs wurde am 27. Dezember 1777 auf Anweisung des Bischofs der Maler Johann Georg Kauffmann beauftragt, „zu einigem Andenken des Altertums" die Alte Hofhaltung zu malen. Neumann lieferte hierfür die nötigen Instruktionen und eine Skizze. Kauffmann überarbeitete diese Zeichnungen und fertigte ein großformatiges Gemälde an (S. 27, 33). Skizzen und Gemälde mußten allerdings, da schon manches abgetragen und verschwunden war, aus dem Gedächtnis ergänzt werden. Trotzdem sind diese Abbildungen eine wertvolle Quelle für baugeschichtliche Untersuchungen.

Unter Fürstbischof Franz Ludwig

von Erthal (1779–95) wurden nochmals Abbrucharbeiten erwogen. Lorenz Fink schlug am 26. November 1793 vor, die Getreideböden, die „ehehin Fronfeste" waren, in den Fachwerkgebäuden bis auf die Stallungen abzubrechen und die Dächer mit dem alten Material neu zu errichten. Für den Südflügel sah er zusätzlich vor, zur Unterbringung des Getreides Zwischenwände herauszunehmen und Stützen einzubauen. Obwohl der Fürstbischof zustimmte und noch genauere Zeichnungen erwartete, wurde das Vorhaben nur zum Teil ausgeführt. Lediglich den Ausbau im 2. Obergeschoß des Südflügels führte der Architekt Fink aus, wie die eingeritzte Jahreszahl 1794 zeigt.

1796 und 1800 wurde Bamberg nach heftigen Straßenkämpfen zwischen Franzosen und Österreichern von Revolutionsscharen besetzt. Alte Hofhaltung und Neue Residenz überstanden die verschiedenen Einquartierungen weitgehend unbeschadet.

19. und 20. Jahrhundert

Als Folge der napoleonischen Zeit veränderten sich mit der Säkularisation im Bamberger Raum grundsätzlich die Herrschafts- und Besitzverhältnisse. Kurfürst Maximilian von Bayern wartete den Reichsdeputationshauptschluß nicht ab und ließ am 6. September 1802 seine Truppen in Bamberg einmarschieren, da eine Besetzung durch Preußen zu befürchten war. Erst am 28. November 1802 legte Fürstbischof Christoph Franz Freiherr von Buseck (1795–1802) die Regierung in seinem Bistum nieder. Mit diesem Datum war auch der Anschluß des Hochstifts Bamberg an Bayern verbunden. Der Bayerische Staat erhielt die Neue Residenz und die Alte Hofhaltung überantwortet; die Betreuung der Bauten übernahm der Obersthofmeisterstab. Wenige Jahre danach, am 30. September 1805, starb Buseck in den bischöflichen Räumen der Neuen Residenz.

1806 weilte Napoleon in Bamberg und erklärte in der Neuen Residenz am 5. Oktober Preußen den Krieg. Anschließend wohnte hier 1807–1837 Herzog Wilhelm in Bayern mit seiner Gemahlin. Ein Situationsplan von 1815 läßt erkennen, daß er in der Alten Hofhaltung Stallungen hatte und Kutschen einstellte.

König Ludwig I. (1825–48) genehmigte 1840 die Unterbringung von 60 Pferden des Regiments „Herzog Leuchtenberg" samt Mannschaft. Für eine weitere Unterbringung von Militärpferden ließ Leo von Klenze Stallungen in den Nordwestflügel einbauen. Wiederholt setzte sich Ludwig I. für die heruntergekommenen Bauten der Alten Hofhaltung und auch für die Neue Residenz ein. 1841 wurde ihm berichtet, daß die „... alte Hofhaltung, worin auch die Stallungen untergebracht sind, aber überaus baufällig sey und ein Brand in diesem morschen dürren Winkelwerk, worin auch eine Schmiede betrieben wird, verwüstend auf das Schloß und den ehrwürdigen Dom wirken könnte." Ludwigs Anweisungen darauf lassen sein denkmalpflegerisches Interesse erkennen: „Bei den Bamberger Schloßgebäuden soll weder ein Abbruch noch eine Neubebauung, wohl aber sorgfältige Erhaltung des dermaligen Gebäudebestandes stattfinden."

1863 wurde zur Freude der Bamberger Bevölkerung die Stadt wieder, wenn auch nur für wenige Jahre, Residenzstadt. Der von seinem Thron aus Griechenland vertriebene König Otto I. nahm in der Neuen Residenz seinen Wohnsitz. Seinen Hofstaat,

Pferde und Kutschen brachte man in der Alten Hofhaltung unter. Aber bereits 1867 endete für die Bamberger diese „königliche" Zeit, als Otto in der Residenz an Masern starb.

Wiederholt belegte in den folgenden Jahren Militär die Gebäude der Alten Hofhaltung, wobei jeder freie Raum für die Unterbringung der Mannschaft und der Pferde genutzt wurde, so daß zeitweilig 95 Pferde eingestellt waren. Das letzte Mal befanden sich 1917 vierzig Militärpferde in den Stallungen. Große Eingriffe in die oberen Geschosse entstanden durch den Einbau von Mietwohnungen und der Vermietung der Keller und Speicher.

Nach dem Ende der Monarchie in Bayern wurde ab 1918 aus dem für die Betreuung der königlichen Schlösser zuständigen Obersthofmeisterstab die „Verwaltung des ehemaligen Kronguts", die 1932 in „Bayerische Verwaltung der staatlichen Schlösser, Gärten und Seen" umbenannt wurde.

1938 war für die Alte Hofhaltung ein entscheidender Wendepunkt. Mit der Errichtung des Historischen Museums der Stadt Bamberg im Ratsstubenbau und den anschließenden Räumen kam eine Nutzung in die Gebäude, die den beginnenden Verfall aufhielt. Die rückwärtigen Fachwerkflügel werden gegenwärtig für eine Erweiterung des Museums ausgebaut und restauriert.

Rundgang durch

Lage und Gesamtbeschreibung

Der ehemalige Bischofssitz, die Alte Hofhaltung, liegt inmitten einer Domburg auf den Ausläufern des Steigerwaldes. Das Areal der Alten Hofhaltung westlich des Domplatzes ist begrenzt vom südlich gelegenen

Blick vom nordöstlichen Domturm auf die Alte Hofhaltung.

die Alte Hofhaltung

Dom, den Curien St. Elisabeth und St. Blasii an der Domstraße sowie der im Norden gelegenen Neuen Residenz.

Die repräsentative Schaufront an der Domplatzseite wird bestimmt durch den hohen Ratsstubenbau (3) mit Volutengiebel, Erker und Treppenturm. Der anschließende Gangbau (2) verband den Ratsstubenbau mit der Andreaskapelle (1) und der Neuen Kanzlei (10). Von der doppelgeschossigen, oktogonalen Andreaskapelle am südlichen Ende des Bischofssitzes sind nur noch zwei Wandbereiche vorhanden. Die reichverzierte Schöne Pforte (4) zwischen

Ratsstube und Hoher Warte (6) ist ein Höhepunkt der deutschen Renaissance. Von der ehemals fünfgeschossigen Hohen Warte am nördlichen Ende ist nur noch ein zweigeschossiges Fragment des Turmes erhalten. Hinter dem Maßwerkfenster verbirgt sich der höherliegende Chor der zweigeschossigen Katharinenkapelle (6), an den sich die Reste des Langhauses und die ältere Thomaskapelle (7) anschließen. Nach dem Abbruch des westlichen Abschnittes der Kapelle ist im frühen 19. Jahrhundert an der Hofseite eine Beschlagbrücke (8) angefügt worden.

Die nördliche Mauer (19) mit Fachwerkwehrgang und spitzbogigem Tor verbindet den Chor der Katharinenkapelle mit dem Wohnbereich im Nordflügel (16). Von diesem Gang über der Tormauer führte eine Brücke zur Neuen Residenz, so daß der Chor der Kapelle auch von der Residenz aus betreten werden konnte.

Die Schöne Pforte (4) öffnet den Weg in den Hof des Bischofssitzes. Zunächst wird rechts der Blick auf einen kleinen Fachwerkbau gelenkt, dem ehemaligen Torwärterhäuschen (5); heute enthält es einen Andenkenladen. Dahinter führt ein romanisches Portal in das mit einer halbrunden Apsis abschließende Langhaus der Thomaskapelle, die im unteren Bereich noch erhalten ist. Über eine hölzerne Außentreppe gelangt man zur spitzbogigen Eingangspforte der darüberliegenden Katharinenkapelle.

Gegenüber den Kapellen betritt man durch ein rundbogiges Tor die Eingangshalle des Historischen Museums der Stadt Bamberg. Wir befinden uns hier unter dem abgetragenen Festsaal des Palas (9) der Kaiser- und Bischofspfalz, von dem noch ein Mauerzug mit Eingangsportal vorhanden ist. Bis zum frühen 13. Jahrhundert war der Palas als weit vorragender Arm mit dem Querschiff des Domes verbunden.

Der durch archäologische Grabungen nachgewiesene nördliche Abschnitt des Palas schloß an das Langhaus der Thomas- und Katharinenkapelle an. Deren querliegender Chor, über dem die fünfgeschossige Hohe Warte emporstieg, ragte weit nach Osten aus der Flucht des Palas vor. Der an der Hofseite vorgelegte bescheidene erdgeschossige Anbau (11) ist der Rest eines gangartigen Traktes, der den Palas mit den beiden Kapellen verband. An der Südseite des Bischofssitzes liegt in der gleichen Mauerflucht mit dem Palas die heute nur noch eingeschossige Kanzlei (10).

Westlich des Palas öffnet sich der Hof des Bischofssitzes, der von malerischen, spätgotischen Fachwerkbauten über massivem Erdgeschoß mit Holzgalerien und hohen Satteldächern umgeben ist. Die beiden nach innen stumpfwinklig einspringenden Westflügel (14, 15) unterteilen den Hof in einen älteren südlichen Hofabschnitt und in die nördliche Hoferweiterung. Den südlichen Abschluß des Hofes bildet der Südflügel (13), der in den schriftlichen Quellen auch Küchenbau und Backhaus genannt wird. Zwischen Kanzlei und Südflügel führt die Dompforte (12) zur Straße und zur Veitspforte des Domes. Den westlichen Abschluß des Hofes bilden der Südwestflügel (14), als Hofkasten überliefert, und der Nordwestflügel (15), in den Quellen Wagenstall und Büttnerhaus genannt. Im Nordflügel (16), dem sogenannten Trockaubau, befanden sich das Zeughaus, bischöfliche Gemächer und die Badstube. An der Hofseite ist der Kellerzugang durch einen zweigeschossigen Erkeranbau (17) überdeckt. Der Keller des Trockaubaues und die gegenüberliegende Neue Residenz sind durch einen unterirdischen Gang miteinander verbunden.

Die bis zum späten Mittelalter den Bischofssitz nach Norden abgrenzende Wehrmauer (21) aus wuchtigen Quadersteinen ist archäologisch ergraben worden. Sie erstreckt sich von der Thomaskapelle bis zum Südwestflügel und schwenkt hier innerhalb des Gebäudes nach Süden. Zu ihr gehören zwei abgebrochene Gebäude (22, 23), die vom Südwestflügel überbaut sind.

Schöne Pforte (4)

In romanischer Zeit befand sich anstelle der heutigen reichverzierten Eingangsportale ein schlichtes rundbogiges Tor, das uns von der Federzeichnung um 1476 bekannt ist. Abbildungen ab 1490 zeigen die Umwandlung in ein spätgotisches Tor mit Stufengiebel und einer begleitenden Fußgängerpforte. Unter der Zinnenbekrönung des Tores war eine Wandmalerei mit dem sitzenden Kaiserpaar Heinrich und Kunigunde, das Dommodell tragend, angebracht (S. 46).

Das nebeneinander eines großen Tores und einer Einlaßpforte ist ein altes fränkisches Motiv, es kann an zahlreichen Domkurien in Bamberg beobachtet werden. Dieses Motiv eines bereits im 15. Jahrhundert unsymmetrisch angelegten Einganges ist auch bei der 1571/72 neu errichteten Schönen Pforte übernommen worden. Entworfen wurde die Toranlage vermutlich von dem in Heidelberg und auf der Plassenburg tätigen Caspar Vischer, die Bauausführung lag bei Erasmus Braun, der als Baumeister auch die weiteren Renaissancebauten errichtete. Die Bildhauerarbeiten dürfte der in Bamberg tätige Pankraz Wagner ausgeführt haben. Den Hinweis hierfür gibt ein Rechnungsbeleg aus dem Jahre 1572, der belegt, daß er die Figur der „Wilden Frau“ am Portal anfertigte. Daß die Schöne Pforte mit Ölfarben gefaßt war, belegen Zahlungen an den Maler Jakob Ziegler.

Die beiden Renaissanceportale sind von Hermen eingefaßt, die Fruchtkörbe, ein Gesims und darüber einen symmetrisch angeordneten Aufbau tragen. Diese Bekrönung überragt den Bogen des Tores um die Breite eines zweiten flankierenden Durchganges, der freilich nicht ausgeführt und auch nicht geplant war. Über dem Eingangstor tritt in einem hohen Fries eine Figurenreihe mit reliefierten Pfeilerarkaden als Hintergrund auf – in der Mitte Maria mit Kind, hinter ihr ein Modell des Domes, gehalten von Kaiser Heinrich und Kaiserin Kunigunde mit ihren Wappen, daneben die Bistumspatrone Petrus mit Schwert und Schlüssel und der heilige Georg in Rüstung, den Drachen besiegend, flankiert von zwei Bischöfen, bei denen es sich wahrscheinlich um den heiligen Otto und Fürstbischof Veit II. handelt. Zu beiden Seiten des Figurenfeldes ruhen allegorische Gestalten: über der Fußgängerpforte ein „Wilder Mann“ mit einem Hund, wohl den Main personifizierend; gegenüber eine „Wilde Frau“ mit Putto, die Regnitz. Den Fries bekrönt das reich verzierte fürstbischöfliche Wappen Veits II. von Würzburg, geschmückt mit Helmzier, gotischer Bügelkrone, Bischofsstab und Metropolitankreuz (S. 40).

Der nachgotische Charakter des Figurenfrieses dürfte in dem religiösen Motiv liegen. So ist eine Übereinstimmung mit den Figuren des Tympanons der Gnadenpforte des Domes festzustellen – Maria mit dem Kind, Heinrich und Kunigunde als Stifter, Petrus und der heilige Georg und seit-

Schöne Pforte.

Schöne Pforte, Figurenfries und Bekrönung.

lich zurückgesetzt ein Bischof und ein Kleriker. Hinzu kommen aber auch die rückblickende Art des Künstlers, wohl Pankraz Wagner, die zu den Anklängen an die Gotik führte, und die besondere Aufgabenstellung des Bauherrn.

Die auf Symmetrie angelegte Bekrönung könnte auf den in der Plassenburg tätigen Caspar Vischer zurückgehen, der 1569 zur „beratschlagung des vorhabenden baus" in Bamberg weilte. Fast möchte man glauben, die zweite Pforte der Eingangsanlage sei später zugemauert worden, jedoch ist die ganze Komposition von vornherein nach alter fränkischer Weise angelegt. Der Aufbau überbrückt die unsymmetrisch nebeneinander liegenden Eingänge. Das Gestaltungsprinzip besteht aus einer Kombination der vorgegebenen Toranlage mit dem Motiv des antiken Triumphbogens, bestehend aus einem großen Mittelbogen und zwei kleinen Durchgängen. Der rechte Bogen wurde allerdings bewußt nicht ausgeführt, um die Fassadengestaltung der sich wiederholenden Asymmetrie, die auch am Ratsstubenbau zu beobachten ist, fortzusetzen. Auch der Figurenfries in der Attikazone erinnert an einen antiken Triumphbogen. Das Motiv der stützenden Hermen kann am Ottheinrichbau in Heidelberg wiedergefunden werden, an dessen Errichtung Caspar Vischer beteiligt war. Das mit einem reichen bildnerischen Schmuck versehene Eingangsportal drückt gleichsam den überschwänglichen Bauwillen eines prachtliebenden Renaissancefürsten aus.

Ratsstube mit Treppenturm und Gangbau (2, 3)

Die Ratsstube (3) neben der Schönen Pforte (4) beherrscht mit ihrem repräsentativen Volutengiebel die Dom-

Ratsstubenbau und Schöne Pforte.

platzseite der Alten Hofhaltung. Der seitlich angebrachte Erker und der Treppenturm betonen die vom Baumeister eingesetzte Asymmetrie. Südlich schließt der niedrige langgestreckte Gangbau (2) an, der die Ratsstube mit der Andreaskapelle (1) und der Kanzlei (10) verband. Den südlichen Abschluß bildete die achteckige Andreaskapelle, die im 16. Jahrhundert mit Mauerwerk ummantelt zu einem quadratischen Grundriß ergänzt wurde und einen Aufbau mit einem Volutengiebel erhielt. Im Obergeschoß ist die bischöfliche Bibliothek für den wertvollen Bücherbestand eingerichtet worden, der Zugang erfolgte vom Palas aus. Nach Abbruch der Andreaskapelle, des Palas und der oberen Geschosse der Hohen Warte ist nunmehr die Ratsstube als ein reich mit Ornamenten geschmücktes Gebäude verstärkt hervorgehoben.

Im Auftrag des Fürstbischofs Veit II. (1561–77) fertigte wie bereits erwähnt der Steinmetz Jakob Mailick aus Forchheim für den Neubau der Ratsstube einen Entwurf an. Auch der Rat des hochangesehenen Baumeisters Caspar Vischer floß mit ein. Die Giebelform scheint auf Daniel Engelhardt zurückzugehen. Einen bedeutenden Anteil an der Planung hatte aber auch Erasmus Braun, er dürfte die spätgotischen Elemente mit eingebracht haben.

Das Hauptgebäude erscheint vom Domplatz aus gesehen dreigeschossig und besitzt eine symmetrisch gestaltete, mit Lisenen und Gesimsen geglie-

Himmelsglobus im Erker des Ratsstubenbaues.

derte Fassade. Das Eingangsportal wird von Säulenpaaren gerahmt, die Meeresfiguren tragen. Es ist 1777 anstelle einer älteren Eingangstür eingesetzt worden. Der dreistufige Giebel ist mit volutenähnlichen Schweifungen geschmückt, die mit Laubwerkornamentik gefüllt sind. Bekrönt wird der Giebel durch einen Muschelaufsatz. Aus der Gotik übernommen sind die Profile der Fenster und die Kielbögen darüber. Ein besonderes Schmuckstück dekorativer Kunst ist der zweigeschossige Erker am nördlichen Eck, an dessen Fuß die zierliche Figur des Baumeisters Erasmus Braun erscheint (S. 29). Er ließ sich als leicht vorgebeugte Figur mit Lendenschurz und Steinmetzschlegel darstellen. Als schöpferisch tätiger Meister ist er mit einem Schild, das von Rollwerk umrandet ist und ein Steinmetzzeichen mit Zirkel trägt, ausgezeichnet. Geschmückt wird der Erker durch Säulenvorlagen, Gesimse und Wappen aus der Ahnenreihe des Bauherrn.

Mit dem Ratsstubenbau und dem zurückliegenden Treppenturm, der ebenfalls mit einem Volutengiebel bekrönt ist, entstand eine wirkungsvolle Gruppe. Das Eingangsportal des Treppenturmes ist mit einem dreieckigen Giebel überdacht, der die Figur eines Löwen und des mit ihm ringenden Samson enthält. An der Nordwestecke des Treppenturmes sind vorstehende Steine und Gesimsfragmente zu erkennen. Hierbei handelt es sich nicht um eine Abbruchkante, sondern um Wartesteine, an die ein geplantes, aber nicht ausgeführtes Gebäude hätte anschließen sollen.

Der Gangbau läßt am südlichen Ende mit dem auseinanderfließenden Walmdach erkennen, daß die Andreaskapelle als abschließender Höhenakzent, als Gegenpol zum Ratsstubenbau fehlt. Über der südlichen Tür ist im Obergeschoß ein Wappenstein eingebaut. Dargestellt ist das reichverzierte Wappen des Fürstbischofs Veit II., umgeben von Agnatenwappen.

Das Erdgeschoß des Ratsstubenbaues enthält eine durchgehende Halle mit Kreuzgratgewölben. Im 1. Obergeschoß befindet sich die Ratsstube, in der noch die Decke des 16. Jahrhunderts erhalten ist. An der Ostseite setzt mit einem Segmentbogen der vorspringende Erkerraum an, der mit einem Sterngewölbe überdeckt ist. Die Ausmalung erfolgte durch Jakob Ziegler 1576. Die Räume im 2. Obergeschoß dienten als Fürstengemach. Erhalten ist noch ein reichgeschmückter offener Kamin. Den anschließenden Erker überdeckt, wie ein Stockwerk tiefer, ein Sterngewölbe mit durchsteckten Rippen.

Der Treppenturm enthält eine Wendeltreppe, die sich um drei dünne Säulen und einer offenen Spindel windet. Die reich profilierte Treppenwange wird von den Säulen mit toskanischen Kapitellen unterstützt. Sie

Schlußstein des Rippengewölbes über der Wendeltreppe.

bietet reizvolle Durchblicke und läßt, ausgehend von den mitsteigenden Fenstern, ein Spiel aus Licht und Schatten erleben. Den Abschluß bildet oben ein Sandsteinring um das Treppenauge. Im oberen Stockwerk blickt einem eine rätselhafte gehörnte Maske als Schlußstein des Rippengewölbes entgegen.

Wendeltreppe mit drei Säulen um einer offenen Spindel.

Die Vorbilder für die Wendeltreppe stammen aus der Treppenbaukunst des 15. und 16. Jahrhunderts, insbesondere aus dem Bereich der einläufigen Hohlspindeltreppen mit Wangensäulen. Zu erwähnen sind besonders der 1471 konstruierte Große Wendelstein der Albrechtsburg, die 1511 errichtete Bibratreppe in der Festung Marienberg in Würzburg und die 1574 erbaute Wendeltreppe in Schloß Mergentheim.

Mit der aus Italien überlieferten Renaissance hat der Ratsstubenbau allerdings kaum Gemeinsamkeiten. Allenfalls die Lisenen und Gesimse, die den Giebel des Gebäudes gliedern, gehen auf antike Vorbilder zurück. Der Volutengiebel und die asymmetrische Anordnung des Treppenturmes und des Erkers sind in der italienischen Renaissance nicht denkbar. Das Nachwirken gotischer Formen, wie die Umrahmungen der Fenster mit Stabwerk und Kielbögen, die sich durchschneidenden Rippen am Erkerfuß und im Inneren des Ratsstubenbaues, ist im 17. Jahrhundert im fränkischen Raum nicht selten. Zu erklären ist dieses Festhalten an vergangene Bauformen aus einer konservativen Haltung, die aber durch einen Gedankenaustausch mit Italien von Renaissanceformen beeinflußt worden ist.

Palas, Kanzlei und westlicher Palasanbau (9, 10, 11)

An den Ratsstubenbau schloß westlich der repräsentative Palas (9) an, von dem nur noch ein Teil des Erdgeschosses und Mauerfragmente im Obergeschoß erhalten sind. Erstmals errichtete ihn ab 1003 Kaiser Heinrich II. Er verband den Palas durch einen Zwischenbau mit dem Domquerschiff, so daß die Pfalz sich als eine Einheit mit dem Kirchenbau darstellte. Nördlich des Palas setzte sich der Bau in gleicher Flucht fort, der eine Durchfahrt in den Hof enthielt. Den Abschluß des langgestreckten Gebäudetraktes bildete die zum Domplatz weit vorspringende Thomaskapelle (7).

Der erdgeschossige schlichte Anbau (11) an der Hofseite ist der Rest eines Anfang des 13. Jahrhunderts angebauten Gebäudes, das einen breiten Erschließungsgang enthielt. Es wurde angefügt, um für den Fürstbischof

Palas und Hohe Warte, Ausschnitt aus dem Tafelbild „Die Feuerprobe der heiligen Kunigunde“, um 1490.

und seinen Gästen einen repräsentativen Zugang in den Festsaal und in die Thomaskapelle zu erhalten.

Da der Festsaal im 1. Obergeschoß des Palas lag, konnte man ihn, wie in der Romanik üblich, nur über eine Außentreppe betreten. Ihre Lage am Gebäude änderte sich allerdings im Laufe der Jahrhunderte mehrmals. Unter Kaiser Heinrich öffnete sich die Pfalz ohne Umwehrung zum Domplatz, von dem aus sicherlich der Hauptzugang zum Saal führte. Im 13. Jahrhundert erfolgte dagegen mit der Errichtung einer Wehrmauer um den gesamten Bischofssitz eine Orientierung nach innen, bei der eine Treppenanlage in den langgestreckten Erschließungsgang des hofseitigen Anbaues (11) führte. Im 17. Jahrhundert kam es wiederum zu einer Umorientierung mit einer Öffnung des angebauten Ratsstubenbaues zur Stadt.

Heute führt das rundbogige Portal hinter der Schönen Pforte in den Bereich des Palas, der von den Abbrucharbeiten verschont blieb. Nach dem Durchschreiten eines modernen Glaseinbaues öffnet sich die großzügige Eingangshalle des Historischen Museums, das ehemalige Untergeschoß des Palas. Darüber lag bis Ende des 18. Jahrhunderts der Festsaal mit den Arkadenöffnungen zum Domplatz. Das Mauerwerk der Westseite läßt mehrere Umbauphasen erkennen. Die unteren Quaderschichten sind brandgeschädigtes Mauerwerk des 11. Jahrhunderts. Die obere Zone mit dem schmalen Schlitzfenster gehört dem 13. Jahrhundert an. Die Ostseite des Saales ist 1571 durch die Rückfront des Ratsstubenbaues ersetzt worden. Das nur an der Wand entlanglaufende Gewölbeauflager aus Sandsteinquadern mit dem Kellerzugang deutet auf eine geplante Überwölbung des Raumes, die nicht zur Ausführung kam. Die steile Treppe führt hinunter in den Keller des Ratsstubenbaues.

Der südlich anschließende Raum im mittleren Bereich des Palas hatte ursprünglich die gleiche Fußbodenebene wie die Eingangshalle und war mit dieser zu einem großen Saal verbunden. Nachträglich wurde der Saal unterteilt, wobei der mittlere Raum eine höhere Fußbodenebene erhielt, um einen Zugang vom Hof zu ermöglichen. An der südlichen Mauer gehört eine rundbogige, zugesetzte Tür mit Sandsteingewände dem mittelalterlichen Bestand an. Die Schwelle dieser Tür wurde mit Einbau eines stichtonnengewölbten Kellerhalses im 14./15. Jahrhundert entfernt. Hier rollten auf einer Rampe, deren Spuren noch zu erkennen sind, Weinfässer hinunter in den südlich anschließenden Keller. In der westlichen Mauer öffnet sich zum später angefügten Gangbau ein rechteckiges Schlitzfenster mit schrägen Laibungen, gerahmt durch ein romanisches Karniesprofil, das auf eine Entstehung um 1200 deutet. Das schmale Fenster betont den wehrhaften Charakter des Erdgeschosses, den der Bischofssitz bis in die Umbauphase der Renaissance hatte.

Andreaskapelle, Ausschnitt aus der Federzeichnung „Die Alte Hofhaltung", um 1476.

Am Südende des Palas befand sich die 1488 erstmals in den Quellen erwähnte und 1568 erneuerte Kanzlei (10) mit dem bischöflichen Archiv. Von der Kanzlei ist noch das Erdgeschoß mit einem Kreuzgratgewölbe über einem Rundpfeiler und ein westlich angefügter Treppenturm mit einer Wendeltreppe vorhanden. Auf der schon mehrfach herangezogenen Federzeichnung um 1476 ist das Gebäude mit einem hohen Treppengiebel hinter der Andreaskapelle dargestellt. Errichtet wurde es über den Fundamenten des ursprünglich mit dem Dom verbundenen Palas des 11. Jahrhunderts.

Als Besonderheit für baugeschichtlich Interessierte ist im Obergeschoß noch ein Reststück der alten westlichen Palaswand als archäologisches Präparat erhalten. Der Mauerzug mit den Sandsteinquadern läßt nachvollziehen, wie der Kaiser- und Bischofspalas ausgesehen haben mag. Zu sehen ist ein Abschnitt der westlichen Innenseite des Festsaales. Im 13. Jahrhundert konnte der Saal durch die mit Quadermalerei verzierte rundbogige

Innenseite der ehemaligen oktogonalen Andreaskapelle.

Türöffnung vom nachträglich angefügten Erschließungsgang aus betreten werden. Im Süden endet das Mauerfragment mit der Laibung einer Fenster- oder Arkadenöffnung, die an den Kanten Rundstabprofile und Volutenansätze besitzt. Über eine kleine Treppe gelangt man an die Außenseite des Palas mit Putz- und Farbfassungen des frühen 13. Jahrhunderts, die der Zeit vor Anfügung des Anbaues (11) angehören. Zu sehen ist eine der wenigen noch gut erhaltenen Fugenbemalungen der Romanik. Sie besteht aus einem Fugennetz auf weißem Untergrund mit gegeneinander versetzten roten und schwarzen Strichen, die sich in den Ecken überschneiden.

Andreaskapelle (1)

Daß die um 1050 wahrscheinlich als kaiserliche Pfalzkapelle erbaute Andreaskapelle einst ein reich ausgestattetes Gotteshaus war, kann man sich am Südosteck der Alten Hofhaltung kaum noch vorstellen. Zu sehen sind an der Domgasse die Innenwände von zwei der ursprünglich acht zweigeschossigen Kapellenseiten mit rundbogigen Fenstern. In den Raumecken stehen Wandvorlagen aus glatt bearbeiteten hochgestellten Steinen und schmalen Bindern, abgeschlossen durch einen Kämpfer mit Karniesprofil. Darüber befinden sich Ansätze von Gurtbögen, die auf einen Umgang mit inneren Stützen deuten.

Die zugehörigen Außenseiten der Kapelle sind innerhalb des anschließenden Gebäudes freigelegt worden. Im Erdgeschoß greift hier eine 1577 angefügte Wendeltreppe stark in das Mauerwerk ein. Zu sehen ist, daß die Mauern des Oktogons auf einem kreisrunden Sockelfundament aus Sandsteinquadern stehen. Im Obergeschoß lassen größere Partien eines gemalten Fugennetzes aus zwei nebeneinander liegenden roten Fugenstrichen auf weißem Untergrund die Außenfarbigkeit der Kapelle erahnen.

Aus älteren Abbildungen geht hervor, daß die Kapelle im 15. Jahrhundert ein steiles Zeltdach über einer attikaartigen Zone trug und eine nach Osten gerichtete Apsis hatte (S. 14).

Thomas- und Katharinenkapelle (7)

Das nach außen unscheinbare Gebäude rechts neben der Schönen Pforte beherbergt den wahrscheinlich ältesten Raum Bambergs. Die Thomaskapelle im Erdgeschoß entstammt in ihren ursprünglichen Teilen noch aus der Zeit des Bistumgründers Kaiser Heinrich II. und lag am nördlichen Ende des Palas. Sie war ursprünglich eine schlichte Saalkirche mit halbrunder eingezogener Apsis und hatte eine flache Holzbalkendecke. Sie diente bereits vor fast 1000 Jahren als Hauskapelle des Bamberger Bischofs und wurde vermutlich im Jahre 1020 von Papst Benedikt VIII. geweiht. Darauf deutet eine 1936 freigelegte Weihe-Inschrift, die aus konservatorischen Gründen durch eine Kopie ersetzt werden mußte. Sie ist mit weißen Buchstaben auf purpurfarbenen Grund gemalt, enthält rote Zeilenlinien und ist von einem roten Rand umgeben. Als die Kapelle um 1200 umgebaut wurde, gingen leider beim Abbruch der Apsis die ersten Zeilen der Inschrift verloren. Sie läßt sich jedoch so weit übersetzen und sinnvoll ergänzen, daß die Schutzheiligen und Reliquien der Kapelle entnommen werden können (S. 53).

Nach der verheerenden Brandkatastrophe von 1185 baute Fürstbischof Ekbert von Andechs-Meranien die Thomaskapelle in zwei Bauabschnitten um. Das Langhaus erhielt ein zweijochiges Kreuzgewölbe. Dazu mußten die Außenmauern mit einer weiteren Mauer ummantelt und sechs Wand-

Ostseite der ehemaligen Hohen Warte mit Katharinenkapelle.

Portal an der Südseite der Thomaskapelle.

Weiheinschrift der Thomaskapelle, wohl um 1020, Kopie.

pfeiler als Auflager für Rundbögen eingefügt werden, um den enormen Druck des Gewölbes aufnehmen zu können. An der Südseite wurde ein rundbogiges Portal eingefügt, das mit einem Ornamentband, verziert mit Palmetten und Rosetten geschmückt ist. Der Westteil der Kapelle erhielt eine auf einem Bogen ruhende Empore, die mit dem hofseitigen Erschließungsgang verbunden war und damit auch einen Anschluß zum Festsaal hatte. Die halbrunde Apsis der ersten Kapelle blieb in dieser Umbauphase noch erhalten.

In einem weiteren Bauabschnitt noch unter Bischof Ekbert wurde die Apsis im oberen Teil abgetragen, nach vorne abgemauert und mit Bauschutt aufgefüllt. Dabei gingen die ersten vier Zeilen der Weihe-Inschrift verloren. Über der Apsis errichtete man einen gegenüber dem Kirchenschiff höherliegenden Chor (6). Zwischen Chor und Empore lag demnach eine große Öffnung über einem tieferliegenden Andachtsraum für die Hofbediensteten. Der Bischof selbst konnte vom Palas aus über einen schmalen Gang an der Nordseite und durch eine rundbogige Pforte direkt in den Chor gelangen, ohne den Laienraum betreten zu müssen. Der querrechteckige Chor ist dreischiffig und enthält zwei Säulen mit attischen Basen und Würfelkapitellen, die Scheidbögen und ein Kreuzgratgewölbe tragen.

Apsis der Thomaskapelle.

Weihe-Inschrift der bischöflichen Hofkapelle St. Thomas

Die Inschrift wurde 1936 freigelegt und aus konservatorischen Gründen durch eine Kopie ersetzt. Die Rekonstruktion des Textes richtet sich nach dem damaligen Kenntnisstand. Da die ersten vier entscheidenden Zeilen mit Abtragung der Apsis Anfang des 13. Jahrhunderts zerstört wurden, mußten die Fehlstellen bei der Übersetzung durch R. Rauh inhaltlich ergänzt werden [...]. Der erhalten gebliebene Text und die baugeschichtliche Kenntnis ließen die Deutung zu, daß die Thomaskapelle im Jahr 1020 von Papst Benedikt VIII. geweiht wurde.

1 [ANNO DOMINICE INCARNATIONIS
2 MILLESIMO XX INDICTIONE III
3 XVIII KAL MAII DEDICATA EST]
4 [HEC CAPELLA A VENERABI]L[I PAPA]
5 BEN[EDICTO ROMANE ECC]LE EPO
6 IN HO[NO]R[E] D[NI NRI IHV] XPI ET [VIC]
7 TORIOSISSIME SCE CRVCIS ET
8 S.MARIE VI[G] SCI THOME APLI [ET S]
9 CLEMTIS. M. ET S.MARIE MAGDAL [COTI]
10 NENT AVT HIC RELIQIE DE LIGN[O DNI]
11 THOME AP. STEPHANI PTOM [GEORII ?]
12 LAVRENTII M.CLEMTIS M.LANTPTI [ELEV]
13 THERII M SILVESTRI CF VODALRICI [EPI]
14 AFRE V CECILIE V ANATHOLIE V.

Am 14. April im Jahre des Herrn 1020 und im 3. Jahre der Pontifikatszählung wurde diese Kapelle vom Ehrwürdigen Papst Benedict, dem Bischof der Römischen Kirche, geweiht zu Ehren Unseres Herrn Jesu Christi sowie des siegreichen hl. Kreuzes und der hl. Jungfrau Maria, des hl. Apostels Thomas, des hl. Märtyrers Klemens und der hl. Maria Magdalena. Auch sind hier Reliquien niedergelegt vom hl. Kreuzholz des Herrn, dem Apostel Thomas, dem Erzmärtyrer Stephanus, dem hl. Georg, den Märtyrern Laurentius, Klemens, Lampertus und Eleutherius, des Bekenners Silvester, des Bischofs Ulrich und der Jungfrauen Afra, Cäcilia und Anatholia.

Text der Weiheinschrift nach R. Rauh.

Chorraum der Katharinenkapelle.

Eingeritzte Namen von Gefangenen mit der Jahreszahl 1431 in der zum Gefängnis umgebauten Thomaskapelle.

Über dem Chor entstand die Hohe Warte (6), die als Wachturm diente und in den oberen Geschossen zeitweilig auch Wohnräume enthielt.

Im 14. Jahrhundert änderte sich das Patrozinium der Kapelle. 1343 wird erstmals der Name Katharinenkapelle erwähnt. In diesen Zeitraum fällt der Einbau einer hölzernen Zwischendecke im Langhaus, die später durch ein Gewölbe ersetzt wurde. Das abgetrennte Erdgeschoß wurde als Gefängnis eingerichtet, während der Bischof seine Messe nur noch im oberen Raum feierte. In das nunmehr höherliegende Kirchenschiff führt eine spitzbogige Pforte, zu der man über eine Außentreppe gelangt. Die Ostseite des Chores erhielt ein Maßwerkfenster in den Formen der Spätgotik. Im tieferliegenden Gefängnis sind noch die Abmauerungen für die Gefängniszellen zu sehen. Ritzungen an den Wänden von Gefangenen mit Namen, Tagesangaben und der Jahresangabe 1431 deuten auf so manches harte Schicksal.

1489 schloß Fürstbischof Heinrich III. Groß von Trockau einen Fachwerkgang an der Nordseite an, um eine Verbindung zum Nordflügel zu erhalten. Der Zugang ist im Chorraum dicht unter dem Gewölbe zu sehen. Die Hohe Warte erhielt in diesem Jahr, nachdem es in der Alten Hofhaltung gebrannt hatte, einen neuen zierlichen spätgotischen Fachwerkaufbau mit Ecktürmchen.

Die einst die Alte Hofhaltung weit überragende Hohe Warte ist heute nur noch ein Rest des stolzen Burgwahrzeichens. Wegen Baufälligkeit wurden 1777 die oberen Geschosse bis auf den Chor der Katharinenkapelle abgetragen, ebenso der westliche Abschnitt des Kapellenlanghauses. Um 1820 ist an der Hofseite eine Beschlagbrücke (8) für die eingestellten Militär- und Kutschenpferde angefügt worden. Sie besteht aus einer nach drei Seiten offenen Halle und ist mit einem Walmdach gedeckt, das von dorischen Holzsäulen getragen wird.

Wehranlagen

Die Pfalz Kaiser Heinrichs II. und der daraus entstandene Bischofshof blieb bis Ende des 12. Jahrhunderts unbefestigt. Als Schutz genügte das massive Erdgeschoß, das nur durch Schlitzfenster belichtet wurde. Die Zufahrt zum Hof erfolgte durch den rechten Teil des Baublocks neben der Thomaskapelle. Archäologische Grabungsbefunde von Holzbauten im Hof und im Südflügel sprechen dafür, daß sich hier die zu einer Pfalz gehörigen Nebengebäude und Stallungen befanden (S. 12).

Bischof Ekbert von Andechs-Meranien hielt es für ratsam, die Alte Hofhaltung durch eine Wehrmauer nach allen Seiten zu sichern. Auf der Federzeichnung um 1476 sieht man eine zinnenbekrönte Mauer zum Domplatz (S. 14). Sie bildete, so wie es die Curie St. Elisabeth heute noch vermittelt, zum Schutz der Pfalz einen Zwinger von der Andreaskapelle bis zur Hohen Warte. Das Ornamentband um das romanische Eingangsportal auf der Darstellung spricht für das frühe 13. Jahrhundert. Auch die mächtige bergfriedartige Hohe Warte mit der bischöflichen Hauskapelle entstand aus den gleichen Motiven, nämlich den Bischofssitz wehrhaft zu machen.

Nach Norden und Westen wurde die Alte Hofhaltung ebenfalls in dieser Zeit durch eine starke Wehrmauer (21) abgegrenzt, die von Archäologen ergraben wurde. Sie setzte sich in Westrichtung von der Thomaskapelle bis zur heutigen rückwärtigen Einfahrt fort und schwenkte dort nach Süden ab. Die nördliche Mauer entstand, wie die Baubefunde zeigen, gleichzeitig mit der Ummauerung der Thomaskapelle, die wiederum mit dem inneren Ausbau der Kapelle zu sehen ist. In diese Bauphase fällt auch der Palasanbau, der die Wehrmauer überschneidet und am Nordwesteck mit einer sorgfältig gesetzten Eckquaderung endet. An diese Mauer lehnten sich innere Anbauten. Dazu gehören auch die bei der rückwärtigen Einfahrt freigelegten Gebäude (22, 23), die vom 1479 errichteten Westflügel überbaut wurden (S. 13).

Der Bischofshof hatte also im 13. Jahrhundert nur die halbe Ausdehnung wie die heutige Anlage. Erst im späten 15. Jahrhundert erhält der Hof durch die Anfügung eines dreieckigen, im Norden abgeknickten Grundstücks seine heutige Form. Auch die in dieser Erweiterungsphase errichteten Fachwerkbauten lassen durch ihre hohen steinernen Untergeschosse, die nur kleine Fenster hatten, den Gedanken an eine schützende Ringmauer erkennen. Dafür sprechen auch die an den Außenseiten der Fachwerkbauten umlaufenden Wehrgänge.

Hof und Fachwerkgebäude (13–18)

Fürstbischof Philipp von Henneberg (1475–87) errichtete die beiden westlichen Flügel (14, 15) und das südliche Gebäude (13) in drei Bauabschnitten,

Freigelegte nördliche Wehrmauer mit einer Mauervorlage der Palaserweiterung, 1938, H. Mayer.

die eine mehrfach geänderte Planung noch zur Erbauungszeit erkennen lassen. Zunächst entstand der Nordwestflügel (15) als zweigeschossiger Fachwerkbau mit einer Holzgalerie. Das hohe Satteldach trägt an der Hofseite ein breites Zwerchhaus mit spitzbogigen Ladeluken, durch die von den Fuhrwerken das angelieferte Getreide in den Dachraum hochgezogen wurde. Die repräsentative Bedeutung des Bauwerkes wird durch bemalte Traufbretter unterhalb des Daches betont (S. 62). Dargestellt ist eine Rankenmalerei mit Wappen des Hochstifts Bamberg, des Fürstbischofs Philipp von Henneberg und der Grafen von Nassau. An der Durchfahrt öffnet sich

Nordwest- und Nordflügel mit Anbauten, um 1910.

das Gebäude mit einer zweiläufigen Holztreppe. Die heute noch vorhandenen zugemauerten Fenster an den Giebelseiten zeigen, daß der Flügel ursprünglich als freistehendes Gebäude geplant war. Wie die Lage außerhalb der Wehrmauer des 13. Jahrhunderts zeigt, nahm die Planung Hennebergs Rücksicht auf die damals noch bestehenden älteren Bauten entlang der Hofbegrenzung.

Im Erdgeschoß sind die Fachwerkwände zu einem späteren Zeitpunkt durch massive Mauern ersetzt worden. Von der regen Tätigkeit der dort untergebrachten Steinmetzen der Dom-

Spitzbogiges Tor an der Westseite mit dem Wappen des Fürstbischofs Philipp von Henneberg und der Jahreszahl 1479.

bauhütte zeugen die gleichmäßigen Hammerschläge, die über den Hof hallen. Regelmäßig müssen durch die Umweltverschmutzung schadhaft gewordene Bauplastiken des Domes durch Rekonstruktionen ersetzt werden.

Um den Baubeginn des Nordwestflügels zu klären, wurde eine dendrochronologische Untersuchung an den Hölzern des Dachstuhles durchgeführt. Hierbei wird die Breite mehrerer Jahresringe, deren Wachstum vom Klima eines Jahres abhängig ist, gemessen und mit Standardkurven verglichen. Es ergab sich eine Bauzeit von 1475–1476, etwas früher, als bislang in der Forschung angenommen. Für diese Bauzeit spricht auch der Aufbau des Fachwerkgerüstes aus sogenannten „Mannfiguren", bei denen sich Kopf- und Fußstreben überkreuzen und mit Blattverbindungen an Bundständer angeschlossen sind.

Im Fachwerkobergeschoß ist an der Straßenseite der Wehrgang des 15. Jahrhunderts noch weitgehend ungestört zu sehen. Ursprünglich hatte er nur vom nördlichen und südlichen Ende aus einen Zugang. Die an den Gang anschließenden Räume konnten von der Galerie an der Hofseite betreten werden.

Nach Norden schloß Henneberg die Hoferweiterung durch eine Mauer mit einem Fachwerklaufgang ab. Der Gang ist rechts auf der Federzeichnung um 1476 dargestellt (S. 15). Er setzte am Nordwesteck der Hohen Warte an und lief an der nördlichen Hofseite parallel zur heutigen Oberen Karolinenstraße entlang. Im westlichen Bereich schwenkt die Gangmauer mit einem deutlichen Knick zum nördlichen Eck des Nordwestflügels ab.

Der dreigeschossige Südwestflügel (14) ist ab 1477 als zweiter Bauabschnitt, ebenfalls unter Philipp von Henneberg, an den Nordwestflügel (15) im stumpfen Winkel angefügt worden. Archäologische Grabungen ergaben, daß vor Errichtung des Flügels ältere Hofgebäude und die schräg durchlaufende Wehrmauer des 13. Jahrhunderts aus mächtigen Quadersteinen abgetragen werden mußten. Die Mauer der Tordurchfahrt setzte man dabei auf die Fundamentreste eines abgebrochenen Gebäudes.

Auf den Abschluß der Arbeiten weist ein über der westlichen, spitzbogigen Tordurchfahrt angebrachter reichverzierter Wappenstein der Grafen von Henneberg mit der Jahreszahl 1479 hin. Die Traufbretter sind wie am Nordwestflügel mit Rankenmalerei und Wappen bemalt. Das massive Erdgeschoß trägt zwei Fachwerkgeschosse mit Holzgalerien, und aus dem steilen Satteldach ragt ebenfalls ein breites Zwerchhaus vor, wie beim nördlich anschließenden Flügel. Das Fachwerk ist wiederum aus spätgotischen „Mannfiguren" aufgebaut. Die Holzgalerien an der Hofseite liefen zur Erbauungszeit bis zum Giebel an der Domgasse durch. Auch der Südwestflügel war als selbständiger Bau geplant, mit einem Anschluß des Südflügels wurde noch nicht gerechnet. Lediglich eine starke Begrenzungsmauer aus großen Quadersteinen schloß den Hof nach Süden ab.

Der größte Teil des Erdgeschosses wird von einem Pferdestall eingenommen, der bereits in den Quellen des 15. Jahrhunderts als Marstall bezeichnet wird. Als Zugänge dienten zwei spitzbogige Pforten (S. 63). 1501 folgte ein Umbau mit einem neuen Zugang an der Hofseite, einem Schulterbogenportal. Die Pferdeboxen des heutigen Stalles mit ihren Arkadenbögen nehmen Bezug auf die barocke Eingangstür, über die mehrere Jahreszahlen aufgemalt sind, unter anderem

Nordwestflügel, Traufbretter mit Rankenmalerei, Hochstiftswappen, Wappen der Grafen von Henneberg und Grafen von Nassau.

das Jahr 1740. Daß dies auch die Erbauungszeit des Stalles ist, wird durch eine dendrochronologische Untersuchung bestätigt. Nach Norden folgt ein modernes Treppenhaus mit Aufzugsanlage und anschließend die Durchfahrt.

Bis Ende des 17. Jahrhunderts ist das Gebäude als Hofkasten überliefert, wobei die Dachgeschosse auch hier als Getreideböden bezeichnet werden. Ursprünglich waren die Räume in den Obergeschossen wesentlich größer als heute. Im 18. Jahrhundert wurden diese Räume durch den Einbau von Zwischenwänden für Wohnungen von Bediensteten des Hofstaates umgebaut. Aus dieser Zeit konnten in den Obergeschossen wertvolle Wandmalereien freigelegt werden, die auf einen gehobenen Lebensstil der Bewohner deuten. Im 2. Obergeschoß setzte sich an der Außenseite der umlaufende Wehrgang des Nordwestflügels fort. Allerdings kann er hier nur noch anhand von Baubefunden – zugesetzte Zapfenlöcher und Verblattungen von Fachwerkhölzern – nachvollzogen werden.

Gleichzeitig mit dem Südwestflügel entstand 1478 als südlicher Abschluß zur Domgasse eine Hofabschlußmauer aus Sandsteinquadern. Anstelle der 1487 eingebauten spitzbogigen Dompforte (12) stellte ein heute zugesetzter rundbogiger Zugang die Verbindung zum Veitsportal des Domes her.

Der dreigeschossige Südflügel (13) entlang der Domgasse schließt an die Dompforte (12) an und ist mit dem Südwestflügel (14) verbunden. Bislang wurde der Südflügel als der älteste der drei unter Henneberg entstandenen Trakte angesehen. Tatsächlich vollzog sich aber die Errichtung der Bauten

Südwestflügel.

Südflügel mit dem Dom im Hintergrund.

Süd- und Westflügel, indem er eine Treppenanlage mit einer Wendeltreppe in den Obergeschossen einfügte.

Seit dem späten 15. Jahrhundert ist der Südflügel als Küchenbau überliefert. Die Küche bestand ursprünglich aus einem großen Raum, der die heutigen beiden mittleren Säle umfaßte. In der Mitte erhob sich ein gewaltiger Rauchfang, dessen Pfeilerfundamente und Feuerstelle an der Südseite freigelegt wurden. Von allen Seiten war die Herdstelle zugänglich, auf der die Speisen über offenem Feuer zubereitet wurden. 1501 wird in den Hofkammerrechnungen der Einbau einer „Bratstätte" mit Feuerböcken und Drehspieß beschrieben. Im Südosteck der Küche führte eine einläufige Treppe zu einem schmalen Keller mit einem Tonnengewölbe, der als „Speiskeller" bezeichnet wurde. Neben der Kellertreppe lag ein 12 m tiefer Ziehbrunnen, der im 18. Jahrhundert mit einer Kuppel aus Ziegelsteinen versiegelt wurde. Östlich lag die mit einem Kreuzgratgewölbe überdeckte Speisekammer. Im Westen schlossen zwei kleinere Räume an, die Backöfen und Steintröge für Mehl und Teig enthielten, selbst Abwasserrinnen waren vorhanden. Die Kücheneinrichtungen waren so angeordnet, daß der Ablauf der Zubereitung der Speisen reibungslos wie in

von Nordwesten nach Süden, da auf die zunächst noch bestehenden älteren Bauten und die quer durch den Hof laufende Wehrmauer Rücksicht genommen werden mußte.

Das massive Erdgeschoß aus großformatigen Sandsteinquadern trägt wie beim Westflügel zwei Fachwerkgeschosse mit Holzgalerien an der Hofseite. Das Erdgeschoß teilen an der Hofseite zwei Baunähte in drei Abschnitte. Den mittleren Bereich des Flügels errichtete Fürstbischof Philipp von Henneberg 1478/79 im Zuge der Hoferweiterung als dritten Bauabschnitt. Den östlichen Teil, der an einer Baufuge nach Norden schwenkt, fügte 1575/76 Erasmus Braun an. In diesem Zusammenhang schloß Braun auch die Baulücke zwischen

Hofküche mit Feuerstelle, um 1610.

Küche mit Feuerstelle und Bratspieß, um 1490.

einer modernen Küche erfolgen konnte.

Fürstbischof Veit II. (1561–77) ließ die Küche durch Erasmus Braun 1575/76 nach Gesichtspunkten, die sich aus der sozialen Struktur des Bischofssitzes ergaben, umbauen. Er unterteilte die große Küche in zwei Räume – in die östliche Fürsten- und die westliche Gesindeküche. Die Holzdecke wurde durch ein Gewölbe auf Rundpfeilern ersetzt, um die Brandgefahr einzudämmen, die von den beiden offenen Feuerstellen ausging. Um mehr Licht in der ursprünglich sehr dunklen Küche zu erhalten, wurden große rundbogige Fenster eingebaut. Die zubereiteten Gerichte sollten natürlich warm auf den Tisch des Bischofs und seiner Gäste gelangen, dazu konnten diese auf kurzem Weg über eine Wendeltreppe in den

Speisesaal getragen werden. Dieser befand sich in dem repräsentativen östlichen Raum des 1. Obergeschosses, in dem als Besonderheit ein reich profilierter Unterzug eine Bohlenbalkendecke trägt.

In der Fürstenküche ist in der Zeit, als Militär in der Alten Hofhaltung stationiert war, das Gewölbe durch eine Flachdecke auf Unterzügen und Holzstützen ersetzt worden. Die ruinöse Gesindeküche setzte 1925 der Bamberger Marienritterorden wieder instand. Er schuf eine phantasievolle, für die Geschichte Bambergs bedeutende Wandmalerei mit Wappen, Spruchbändern, Ranken und Blüten.

Auch die Räume des Obergeschosses genügten nicht mehr den Ansprüchen des Fürstbischofs. So folgte noch 1575/76 eine Erneuerung der Fachwerkobergeschosse, Holzgalerien und des Dachstuhles. Das Fachwerk ist an der Hofseite mit Andreaskreuzen und Diagonalstreben, an der Straßenseite mit „K-Streben" aufgebaut.

Im 2. Obergeschoß kann im östlichen Eckraum anhand freistehender Stützen der Wehrgang noch gut abgelesen werden. Dieser Gang biegt am östlichen Ende ab, läuft parallel zum Giebel und verbindet sich mit der Holzgalerie. Am Nordosteck läßt eine zugesetzte Öffnung erkennen, daß eine Brücke zur Kanzlei (10) führte. Am westlichen Ende war der Wehrgang mit dem Treppenhaus und dem straßenseitigen Gang des Südwestflügels verbunden. Es konnte demnach

Nordflügel, Hofansicht.

Nordwesteck der Alten Hofhaltung, 1913.

auch im 16. Jahrhundert der gesamte Bischofssitz, wie unter Philipp von Henneberg, von Wächtern umrundet werden, die darauf achteten, daß in der Umgebung keine Brände oder Unruhen ausbrachen.

Fürstbischof Heinrich III. Groß von Trockau (1487–1501) führte das unter Henneberg entworfene Bauprogramm 1487–1489 zu Ende. Er errichtete anstelle der nördlichen Hofmauer, die noch auf der Federzeichnung um 1476 zu sehen ist, den Nordflügel (16) und die nördliche Tormauer mit Wehrgang (19). Dazu wurde die Alte Hofhaltung um 9 m nach Norden zur Oberen Karolinenstraße erweitert. An den westlichen Flügel schließt der Nordflügel im spitzen Winkel an und bildet hier eine malerische Ecke mit einem hölzernen Treppenaufgang zur Galerie an der Hofseite (S. 58). Über einem massiven, nach außen wehrhaften Erdgeschoß befindet sich ein Fachwerkgeschoß, das wiederum wie bei den „Hennebergflügeln" aus „Mannfiguren" aufgebaut ist.

Die großen Säle im Erdgeschoß sind als Zeughaus überliefert; in ihm waren die Waffen der bischöflichen Truppe untergebracht. Die kleinen, gewölbten Räume am östlichen Ende, nahe beim Hofbrunnen, dienten als Badstube. Gebadet wurde in Holzkübeln, wobei das Wasser an einer Feuerstelle die nötige Temperatur erhielt (S. 21). Nach dem Bad konnte der Bischof über eine Wendeltreppe direkt in seine darüber liegenden Wohnräume gelangen.

Zu den bischöflichen Gemächern gehörte auch die repräsentative Bohlenstube im 1. Obergeschoß, die sich an der Fassade durch drei erkerartig vorgezogene Fenster abzeichnet, die auf geschnitzten Konsolhölzern ruhen. Im Rauminneren sind die Bohlen der Wände gespundet und in Ständer eingenutet. Die Bohlenbalkendecke wird von einem Unterzug über einer Mittelstütze, die mit Kanneluren verziert ist, und einem Sattelholz getragen.

Ein angefügter Vorbau (17) enthält im Erdgeschoß einen Zugang zu großen Wein- und Bierkellern und im Obergeschoß das sogenannte „Malerstübchen." Dieser Raum zeichnet sich durch eine reiche Wandmalerei mit Ranken und Blumen aus der Zeit um 1750 aus. Auf einem Umbau deutet ein Wappenstein mit einer Maske, den Wappen des Hochstifts Bamberg und des Fürstbischofs Georg II. Marschalk von Ebneth sowie der Jahreszahl 1504. Der Erbauer Fürstbischof Heinrich II. Groß von Trockau ließ sein Wappen mit dem des Hochstifts Bamberg an der Hofseite über einem Tor anbringen. Diese Wappen befinden sich auch am äußeren Nordosteck, mit einer Kreuzigungsgruppe und einer Marienfigur.

Die Alte Hofhaltung war nicht immer so zuruckhaltend in ihrer Farbigkeit mit den naturfarbenen Putzen und Fachwerkhölzern wie sie sich heute darstellt. An der Hofseite sind noch zahlreiche Spuren einer Quaderbemalung zu erkennen. Die Grundfläche besteht aus einem hellen Rot, darauf sind einzelne Quader mit dunklem Rot gemalt, die Fugenstriche sind weiß gehalten. Diese Farbfassung konnte auch am Süd- und Südwestflügel, als zur Umbauphase von 1575/76 gehörig, nachgewiesen werden. Die Fachwerkhölzer muß man sich leuchtend gelb vorstellen, wobei sie optisch oft verbreitert wurden. Hinzu kam ein meist schwarzes Begleitband in den weiß gehaltenen Gefachefeldern.

Die 1576 von Erasmus Braun errichtete Hofschmiede lehnt sich an die nördliche Tormauer und liegt zwi-

Hofschmiede, 1920.

schen Thomaskapelle und Nordflügel. Über massiven Mauern erhebt sich ein Fachwerkgeschoß, das im 17. Jahrhundert erneuert wurde. Anhand eines Planes aus dem Jahre 1855 ist bekannt, daß sie in dem rußgeschwärzten Raum zwei Essen und einen großen Amboss hatte, auf dem Hufeisen für die Pferde geschmiedet wurden. Beschlagen wurden die Pferde in dem hölzernen Anbau (8) westlich der Thomaskapelle. Neben der nach oben führenden gewendelten Treppe ist ein Backofen mit Kamin aus jüngerer Zeit eingebaut. Heute ist hier im Obergeschoß das Büro des Historischen Museums untergebracht, im Erdgeschoß befinden sich Restaurierungswerkstätten.

Nördliche Tormauer (19)

Die Tormauer mit spitzbogigem Einfahrtstor entstand, wie die angebrachte Jahreszahl zeigt, 1489 unter Fürstbischof Heinrich III. Groß von Trokkau. Sie trägt an der Hofseite auf hohen Pfeilern einen Wehrgang in Fachwerkkonstruktion. Der Gang bot einen ungehinderten Weg von den Wohngemächern im Nordflügel bis in den Chor der Katharinenkapelle.

Wehrgang über dem nordöstlichen Tor.

Wappenrelief des Fürstbischofs Heinrich III. Groß von Trockau.

Über dem gotischen Tor ließ der Bischof als steinerne Urkunde, die seine Bautätigkeit belegt, ein Relief mit seinem Wappen anbringen. Es ist mit einem liegenden Löwen, einem Engel, Helmzier und Rankenwerk geschmückt und enthält die Jahreszahl 1489. Anhand archivalischer Quellen ist belegt, daß Wolfgang Katzheimer den Entwurf lieferte und ein Meister von Nürnberg das Relief anfertigte. Es wird angenommen, daß es sich um ein Werk Adam Krafts handelt, da es seine Handschrift trägt, oder zumindest in seinem Umkreis entstanden ist. Mit den Maßnahmen Fürstbischofs Heinrich III. war die Hofanlage des späten Mittelalters vollendet. Zu Recht wird er in einer Inschrift über dem Wappen wegen seiner Verdienste und als Erbauer der Hohen Warte und des neuen Hauses (Nordflügel) gerühmt.

Träume aus Vergangenheit und Gegenwart

Zahlreiche Besucher lassen sich tagsüber im Hof der Alten Hofhaltung von den malerischen, altfränkischen Fachwerkbauten mit ihren steilen Dächern und Holzgalerien bezaubern. Wenn aber abends Ruhe einkehrt und nur noch die Mauersegler mit lauten Rufen über den Hof kreisen, kann man in Gedanken nachvollziehen, welch lebhaftes Treiben einst den Hof beherrschte: Pferde wurden in den Marstall geführt, Bauern lieferten Getreide ab, Weinfässer rollten über Rampen in die tiefen Keller hinab, von der Gesinde- und Füstenküche zogen die Düfte des abendlichen Mahls über den Hof, am Ziehbrunnen wurde Wasser für die Pferdetränke geschöpft, der Schmied fertigte noch einige Hufeisen an, der Bader bereitete in großen Holzkübeln ein wohltuendes Bad, ein Delinquent im Gefängnis ritzte eine weitere Kerbe in den Stein, um seine Hafttage zu zählen, und zur fortgeschrittenen Stunde schritt der Bischof ein letztes Mal an diesem Tage zur Abendandacht in seine Hauskapelle St. Katharina.

Blicken wir noch weiter zurück: Als Kaiser Heinrich vor der Babenburg am steilen Abhang über das weite Tal der Regnitz blickte, hatte er sicherlich die Vision, über den sieben umliegenden Hügeln ein Abbild Roms nördlich der Alpen zu erbauen. Er wußte, nur mit Entschlossenheit kann er die Grundlage für ein Bistum, einer reichstreuen kirchlichen Macht schaffen. In seinem Geiste formten sich die Steine zu einem gewaltigen Dom und zu einer reich ausgestatteten Pfalz, in deren Festsaal sich die Fürsten des Reiches versammeln, und er sah am Fuße der Domburg eine vom Leben erfüllte Stadt entstehen.

– Aus seinem Traum wurde Wirklichkeit –

Gebäudeverzeichnis der Alten Hofhaltung

1 Andreaskapelle
2 Gangbau
3 Ratsstube
4 Schöne Pforte
5 Torwärterhäuschen
6 Hohe Warte
7 Thomas- und Katharinenkapelle
8 Beschlagbrücke
9 Palas
10 Kanzlei
11 Westlicher Palasanbau
12 Dompforte
13 Südflügel, Küchenbau
14 Südwestflügel, Marstall, Hofkasten
15 Nordwestflügel, Dombauhütte
16 Nordflügel, Zeughaus
17 Erkeranbau
18 Hofschmiede
19 Nördliche Tormauer
20 Brunnenanlage
21 Abgegangene nördliche Wehrmauer
22 Abgegangenes Hofgebäude
23 Abgegangenes Hofgebäude